LA SERIE DE MANUALES PARA SANADORES DE DEMONIOS

Domina Tu Mundo Interior

Acepta Tu Poder con Alegría

Tracee Dunblazier

GoTracee Publishing LLC
Baton Rouge, Louisiana Los Angeles, California

GoTracee Publishing LLC
240 Laurel Street, Suite 101
Baton Rouge, Louisiana, 70801
www.BeASlayer.com

ISBN: 978-0-9963907-9-8

Ilustraciones: Michael J Penn www.michaeljpenn.com
Gráficos Ilustrativos de Chakra: Tita Peterson
Portada y Diseño interior: Nelly Murariu www.PixBeeDesign.com
Edición: Eric Lyons Thomas, Kathleen Tracy

Publisher's Cataloging-In-Publication Data
(Prepared by The Donohue Group, Inc.)

Names: Dunblazier, Tracee. | Penn, Michael J., illustrator. | Guzman, Juan, 1994- translator.
Title: Domina tu mundo interior : acepta tu poder con alegría / Tracee Dunblazier ; illustraciones por Michael J Penn ; traductor a Español, Juan Guzman.
Other Titles: Master your inner world. Spanish
Description: Baton Rouge, Louisiana ; Los Angeles, California : GoTracee Publishing LLC, [2016] | Series: La serie de manuales para Sanadores de Demonios ; [libro 1] | Translation of: Master your inner world. | Includes bibliographical references.
Identifiers: LCCN 2016907952 | ISBN 978-0-9963907-7-4 |
ISBN 978-0-9963907-3-6 (ebook)
Subjects: LCSH: Spiritualism. | Self-realization–Religious aspects. | Spiritual healing. | Negativism. | Emotions.
Classification: LCC BF1275.S44 D8618 2016 (print) | LCC BF1275.S44 (ebook) | DDC 133.9--dc23

Impreso en los Estados Unidos de América.

Dedicatoria

Este libro esta dedicado con tremenda gratitud a los valientes sanadores de demonios que estuvieron antes; a los sanadores que continúan entrando, innovando, y expresando todo lo que el Creador les ha dado; y a todos los sanadores que están por llegar, cuya ingenuidad transformará a este mundo de como lo conocemos, no sólo porque pueden pero porque deben. El camino hacia la salida de la oscuridad es abundante con la obligación del amor. Una obligación a la que inevitablemente nos rendiremos. El amor es el camino y la recompensa.

Reconocimientos

Siempre me consideré afortunada por tener lo que quería cuando lo necesitaba, de una manera tan mágica. Ahora, yo reconozco que lo que definía como suerte era mi reconocimiento de las ofrendas del Creador hacia mí. Mientras más estaba dispuesta a recibir más recibía. Ese fue el regalo de este libro a mí.

Me gustaría agradecerle a las ofrendas de Dios- mi familia, viviente y en espíritu; los guerreros espirituales con los que he trabajado; mis amigos, apoyo, y equipo: Doreen, Margay, Lisa, Faith, Sammie, Shaun, Kathleen, Tita, JeanMarie, Naomi, Jorge, Mariea, Kristine, Mike, Eric, Nelly, Kathleen T., Sara, Jennifer, Google, and Apothic Red- por el humor ilimitado e hilaridad diaria, el apoyo enorme durante viajes largos y conversaciones, comidas juntos compartiendo historias, y la confianza que se puso en mi al confiar sus recursos a todos los niveles.

Que las bendiciones lluevan sobre ustedes como nunca antes, y que tu corazón abierto las reciba sin esfuerzo.

Tracee Dunblazier

Contenido

Adelanto

Juzgando en base al gran número de peticiones que recibimos sobre liberar a individuos de ataques demoniacos que recibimos a diario. Tracee Dunblazier está respondiendo a una necesidad que aquellos afligidos por entidades negativas están buscando profundamente.

En, *La Serie de Manuales para Sanadores de Demonios,* Tracee revela un gran número de métodos antiguos y modernos, tribales y urbanos, que ella ha empleado tanto para estar bien parada ante la cara de un ataque demoniaco personal y que ha utilizado para liberar a otros del agarro devorador de almas de invasores parásitos.

Este libro está lleno de historias dramáticas. Tracee una y otra vez demuestra su familiaridad con un gran número de prácticas espirituales y técnicas. Escrito en un estilo que es personal y fácil de leer. Creemos que cualquier lector que necesita asistencia de sanar sus demonios personales- o que desea ayudar a otros a sanar los suyos—encontrará invaluable a este libro.

Brad y Sherry Steiger

Autores, *Real Miracles, Divine Intervention,* and *Feats of Incredible Survival*

Prefacio

Lucha contra El Diablo y Gana: Un Pequeño Demonio a la Vez

Todas mis experiencias en esta vida han estado conectadas a los ecos de dolor no explotado de siglos pasados. El dolor no se va con el tiempo; espera con paciencia hasta que puede ser exorcizado y trasformado en algo diferente, algo mejor.

El dolor se mantiene pegado a tu alma y te sigue de encarnación a encarnación esperando tu atención. Es el proceso que siembra compasión y abre tu corazón. Como empatista espiritual, cuando llega la oportunidad para que mi corazón se abriera y liberara algo de esa energía antigua, respiré profundamente, cerré mis ojos, y dejé que mis cuerdas vocales tomaran control.

Es mi privilegio divino vivir la curación de muchas encarnaciones de injusticia dentro de mí misma y facilitar esa misma experiencia para otros. He encontrado que nada asusta a la gente más que lo que no entienden o no pueden controlar o (por lo menos) no pueden encontrar algo de humor en ello.

Miedo y Valentía

El miedo y la valentía van mano a mano y ambos llegaron en abundancia para mí. De hecho, he aprendido que no puedes tener uno sin el otro. Cuando recuerdo las muchas experiencias profundas de mi viaje espiritual dentro de mi vida hasta ahora, la imagen mayor se hace más clara para mí y parece tan sencilla.

Nunca ha habido un tiempo en esta vida en el que he estado confundida sobre quien soy en realidad. El tema constante es valentía que vence el miedo, claridad que dirige confusión, y fealdad que da camino a belleza. Así que en retrospectiva, mis camino de jardín de tabiques se convierte en oro antes mis propios ojos. Mi vida, y la eventos principales que la marcaron, ya no provocan lástima en mi misma sino risa de la ironía.

El ritmo va algo así: Mi padre murió cuando tenía once años, la virginidad se violó de mi a los dieciocho, me mudé a los barrios de Nueva York en lugar de asistir a estudios superiores en la Universidad Cristiana de Texas, y finalmente me mudo a Los Ángeles terminando con una carrera como psíquica. Confía en mí, se lo fácil que es juzgar.

Para mí, el espíritu es fácilmente palpable, pero para otros el espíritu es simplemente imaginación, haciendo que la sanación sea muy difícil. Es en esta brecha de percepción donde empecé a entender porque algunas personas no sanan y cómo yo necesitaba hacerlo. La sanación es un viaje, no es un juicio en tu contra si no crees en lo que no puedes ver, o si ves cosas en las que no puedes creer. Escribí este libro para crear la oportunidad para que todos nosotros pudiéramos expandir nuestra alerta y experiencia del espíritu.

En el proceso de sanación, nuestra cultura no siempre inicia en el patrón del origen de la vida. Nosotros frecuentemente nos apegamos a los síntomas causados por el patrón, porque hemos sido enseñados a temer aquello que no es familiar para nosotros.

Encontré que no podía sanar completamente a todos los niveles sin echar un vistazo en el origen del miedo. Entender la función del miedo- es una herramienta para asistirte a estar vivo, en mantener mi cuerpo intacto, y en mantener mi espíritu pegado en esta realidad- fue vital. Con este nuevo entendimiento, yo conceptualicé como seria empezar a creer las herramientas necesarias para vivir y cuáles serían los resultados potenciales, finalmente regresando en círculo a amarme a mí misma incondicionalmente, aceptando a los otros como son, y siendo libre de demonios.

Fue profetizada por muchos que las décadas que precedieron el año 2012- el fin del ciclo de 25,000 años del calendario Maya. – traería muchas pruebas y tribulaciones. El fin de los tiempos, ellos decían, nos llevaría a un mundo completamente nuevo. La Biblia habla de la última batalla con el diablo como siendo la batalla con principados.

Las tribulaciones de los mayas y las batallas en el Libro de Revelaciones son símbolos de lo que yo reconocí en esta era moderna como la lucha por *yo*. No necesité comprobar mi teoría, ya sea que los fantasmas existen, que las conspiraciones son reales, o que Dios y el diablo existen o no. Lo que tenía que hacer era encontrar la información que crearía el espacio y permitirme sanar mentalmente, emocionalmente, y espiritualmente pero más que nada, para entender la conexión espíritu, mente, cuerpo para que yo pueda permanecer saludable. Encontré que mi bienestar espiritual y emocional apoyaba o directamente e inmediatamente impactaba mi salud diaria.

Creciendo nadie quiere hablar sobre las cosas difíciles o profundas. Ciertamente, no había libros que podían hablar de demonios, sexo, muerte y drogas. Esas eran todas las experiencias, miedo, y marcas con las que batallaba antes de los once años. Una de las cosas que se es que cuando estas enfrentando al diablo de frente, o huyendo por tu vida, el miedo es tu amigo- pero no completamente. Tu miedo eventualmente se volteará en tu contra.

Todos los días cargamos imágenes, energías, estrategias, esperanzas, y sueños de tiempos pasados. Estas pueden agarrarse en los cuerpos sutiles de nuestros campos de energía y quedarse con nosotros por muchas vidas. A través de mi propio viaje espiritual he dependido de partes de mi misma, herramientas de mi personalidad, gente que ha vivido dentro de mi, y vidas que he vivido antes.

No importa como los describa a ellos; todos son elementos de mi integridad que me hacen una expresión única de lo divino. A través de las historia *arrancadas de las titulares de Tracee* y los ejercicios de realización que he creado en este trabajo, es mi esperanza que encontrarás momentos de progreso para tu espíritu y adquirir conocimiento que es relevante a saber lo que te hace una expresión única del Creador.

Escribir este libro ha resultado ser un desafío ya que no tengo mucha memoria, sin duda un producto de hacer este trabajo por los años que lo he estado haciendo. Como empatista, principalmente tengo una política de pesca y suelta; cuando trabajo con clientes, escucho y duelo sus experiencias para que yo no las retenga por cualquier cantidad de tiempo.

Aunque tengo acceso a todo lo que he vivido intuitivamente, yo realmente no recuerdo algunas cosas. Hacer el trabajo del chamán requiere que me aparte por un poco mientras cargo el espíritu de otro. Ha habido veces que he sentido el duelo de miles. Creo que soy capaz de trabajar como empatista porque acepto mi inmenso poder como ser espiritual mientras reconozco que soy ser humano y necesito cosas específicas para poder recuperarme de mis viajes espirituales y emocionales.

Habiendo dicho todo eso, este libro está escrito sin el beneficio de notas dando nombres, fechas, y lugares exactos. Lo que si tengo es la esencia espiritual, memoria emocional, y mensaje divino de cada una de las experiencias que he tenido, ya sea mía o de alguien más.

No me entiendas mal: algunas cosas recuerdo como si hubiesen sido hace cinco minutos, pero he decidido escribir las anécdotas conmemoradas aquí desde la perspectiva de su propósito y hechos percibido en lugar de un recuento biográfico de la historia de cada persona. Todos los nombres y detalles específicos de cada historia han sido cambiados para preservar cualquier derecho de privacidad, y lo que queda es el significado espiritual y enseñanza espiritual de la anécdota. Una de las cosas que he reconocido a través de los años es que le gente realmente escucha primero lo que creen, y por segundo, a lo mejor escuchan los hechos. Así que es mi esperanza que tú encuentres interés en estas historias y veas algo de ti misma dentro de ellas.

Yo he separado este libro en dos volúmenes. Cada capítulo en ambos volúmenes contiene una parábola o un relato de mi historia espiritual personal de guía espiritual o vida pasada. Las cinco parábolas de *Domina Tu Mundo Interior: Acepta Tu Poder con Alergia,* son las historias de los guías espirituales que han trabajo conmigo en esta vida y algunos otros a través de muchas vidas. Un guía espiritual es un ser que está en espíritu y un mentor que está aquí para serte de servicio a través de tu vida o por experiencias específicas y transiciones en tu vida. Han sido mis maestros y compañeros a través de la oscuridad y hacia la luz. Han estado conmigo en cada batalla, enseñándome como pelear con el diablo y ganar.

Las cinco parábolas de *Sana la Historia de Tu Alma: Activa el Verdadero Poder de Tu Sombra,* son en realidad, vidas pasadas que mi espíritu ha vivido; y las he revivido en esta vida al procesar la memoria emocional con la que yo cargaba. Al contar esta historia, fue importante para mi ser históricamente acertada sobre las costumbres sociales e históricas del tiempo, pero innecesario el comprobar la existencia de gente en específico.

El propósito de contar estas historias es darles a todos la voz de justicia y verdad que todos sufrieron tanto por recibir. Todos los detalles de sentimiento espiritual y experiencias fueron canalizados de cada uno de los personajes principales en cada historia mientras los nombres y detalles específicos fueron inspirados en ellos pero dados por mí por propósitos simbólicos. Sueños, visiones, y eventos desatados de las memorias pasadas, y cada ilustración fue creada desde como cada uno de ellos se presentó a mí.

Por favor no seas desasido de la naturaleza gráfica de las parábolas e historias. Entiendo que no todos tienen una vida tan traumática como las que he representado, pero la realidad es que algunos sí. Será importante tomar el significado y entendimiento de cada dinámica espiritual inherente a cada historia, y ver como aplica a ti. No hay realidad, sólo percepción. Escribo este libro como oportunidad para ti- no para tomar mi verdad como la tuya, pero para permitir que mi verdad ilumine la tuya y refleje todo lo que el Creador te ha dado, aliviar tu sufrimiento, y ayudarte a experimentar una completa y profunda sanación espiritual, a sabiendas qué cuando el espíritu se cura todos los demás niveles seguirán.

En este libro puedes encontrar que uso una palaba que tradicionalmente carga un significado particular, pero lo he usado con un entendimiento o connotación diferente. Mi meta aquí no es reescribir el idioma español, sino dar mi mejor esfuerzo por transmitir la profundidad de estas ideas de la manera más sencilla, mientras tengo reverencia por los forjadores de palabras que llegaron antes que yo.

Es mi creencia intrínseca que la gente siempre es más inteligente y sabia y con menos miedo de lo que actúan. Esta creencia me ha hecho siempre buscar más dentro de mi misma y buscar más profundo en otros por el latido del corazón eterno.

Cuando sabes lo que yo sé, no puedes ser un intolerante o un racista, una víctima o un perpetuador; no puedes creer que sólo hay un camino al creador, o que la muerte es real.

Más que nada, yo sé que todos somos de la misma esencia y que tú sabes lo que yo sé en algún lugar oculto de tu pasado, presente, y futuro secreto. En algún lugar profundo de ti misma yace el misterio de *wyrd (destino).* Tu sólo puedes ser parte de todo lo que es.

Introducción

Un Asunto de Espíritu

Sin importar el estado de oscuridad o luz, todo tiene un propósito; aquellos que buscan entender este propósito encontrarán una justicia fácil. Ya sea que creas o no en demonios, entidades, fantasmas, espíritus terrenales, depresión, enfermedad mental, o locura, son una realidad diaria para algunos y tocarán a todos de alguna forma durante su vida. Esta es una arena en la vida donde la ignorancia no es felicidad- sólo es ignorancia. El remedio aquí es el conocimiento de todo, conocerte a ti misma, conocer la verdad, y actuar con compasión.

Una pregunta que yo creo profundamente que todos queremos saber es ¿como individuales podemos tomar responsabilidad y ser fortalecidos en nuestra parte de la dinámica del mundo?

La respuesta a esta pregunta es una cuestión de espíritu. Es común suponer que los asuntos espirituales son asuntos religiosos. No son uno y lo mismo. La religión es el ritual espiritual que nos alinea con nuestro espíritu y nuestra relación con el Creador; no es la relación en sí misma.

Para que todos podamos progresar, debemos reconocernos como seres energéticos/espirituales. Es innecesario ser religiosos pero es imperativo que seamos espirituales. Debemos reconocer que nuestro cuerpo físico es muy denso en energía. Conforme la frecuencia aumenta los patrones de energía se vuelven más rápidos y más sutiles pero no menos poderosos.

Nuestra energía, cuerpo, emociones, y pensamientos son todas formas de materia *menos densa*. Todas estas formas de materia son impulsadas por las frecuencias más rápidas que los preceden. Así que cuando quieres sanar completamente, debes ir a donde los patrones de energía empezaron a formarse de materia en su más sutil, forma espiritual.

En el mundo moderno, no nos importa lo que creas, o lo que llames tus creencias. Sólo requerimos que esté dispuesta a dar un nombre a tu lucha personal. Aquí, el diablo es todas las expresiones de ilusión que existen, desde imaginación a la formación de constructos y demonios.

> La única meta del diablo es existir, y su rol en este libro es aquel del todo persuasivo, antagonista multipropósito.

La experiencia de cada persona con el diablo es diferente, y yo creo que mientras más entendamos las experiencias de los demás, de menor manera tendremos que juzgar u imponer nuestra forma de ser en otros. La verdad en nuestras vidas revelan los caminos que tomaremos en nuestro viaje de percepción; la verdad es el tema central de nuestro desarrollo espiritual. Es el destino que todos buscan. Tiene muchas caras y etapas, y puede ser amorosa y buena, o dura y formidable. Nuestra percepción de verdad es el único enemigo real.

Explorar los cinco niveles básicos de percepción- físico, etérico, emocional, mental, y causal- es muy importante porque cada uno tiene un punto de referencia muy específico. Este libro trata de gente experimentando sus muchas partes. Se trata de presenciar, preservar, aguantar, y creer en nuestra habilidad de sanar completamente y llenamente en todos los niveles.

En esencia, se trata de reconocer todo nuestro ser.

Sanar puede en algunas oportunidades ser una progresión y a otras puede aparentar ser instantáneo. Aprender a aceptar la sanación empieza con una disposición para aceptar las ilusiones que cargamos con nosotros mismo u otros, ya sean antiguos o recién nacidas. Aceptando tu miedo, aceptando tu amor, aceptando tu deseo por la información que tus ilusiones traen aquí y ahora- todo esto le permite a tus ilusiones ser parte del mundo natural.

El mundo natural es el lugar donde todas las cosas terminan o realmente inician. El mundo natural tiene la última palabra sobre cuando y como cualquier pensamiento, idea, o concepto se manifiestan físicamente. Espíritu, energía, y creatividad son todas manifestaciones de nuestro ser, el Creador, y ellos eventualmente se convierten en átomos y moléculas.

Las partes de nuestro mundo espiritual que se manifestaran en nuestro mundo físico son las partes en las que ponemos nuestro enfoque. Entre tu percepción de los mundos de espíritu y materia, hay un hueco por donde toda la energía fluye. Lo que sea que tú creas llena este hueco. Lo que sea que tú temas llena este hueco. Lo que sea que tú ames llena este hueco. Este es nuestro camino para reconocer y honrar el hueco. Bueno, malo, o indiferente, todas las cosas son sagradas.

Aceptar donde estas hoy te da el poder, la habilidad para tomar otra decisión. Si tienes temor de tomar una decisión, aceptar ese miedo como parte de tu realidad te puede poner en una posición para afrontar ese miedo. Si enfrentas tu temor de comprometerte a una idea, entonces eres capaz de llegar, modificar, o innovar lo que necesitas para poder crear el cambio.

En lugar de hacer nada, dile a ti mismo: *Sólo por hoy, yo usaré disciplina. Sólo por hoy, me comprometeré a la tarea. Si quiero cambiar de parecer mañana puedo, pero sólo por hoy me comprometeré.*

Una vez que has modificado tu experiencia de cualquier forma, la dinámica cambia. Cambiar la dinámica cada día lleva a innovación del pensamiento, y conforme la innovación del pensamiento se asienta, la opción por miedo ha cambiado completamente. Este libro tratará algunos de los sistema históricos de pensamiento que existen sobre las luchas de la humanidad; el proceso espiritual de sus orígenes, incluyendo la enfermedad mental, demonios, adicción, y sexualidad; y como el pensamiento negativo es el mensaje del Creador en tus tiempos oscuros.

El proceso espiritual es la serie de pasos que cada uno de nosotros debemos de haber pasado, estamos pasando, o pasaremos, para primero poder entender el propósito de los patrones espirituales con los que hemos sido codificados, y por segundo empezar a integrar los resultados de ese entendimiento en nuestra integridad,

Como empatista, soy experta en vivir en el mundo de ilusión y engaño y amaestrar el reconocimiento de la creación del mundo físico al presenciar todo el proceso de percepción emocional.

La investigación del cerebro ahora demuestra que la percepción es un pilar fundamental de la toma de decisiones. Emociones como enojo, duelo, humillación, decepción, y confusiones son algunas de las dinámicas que se verán, entendiendo que cada emoción puede ser interpretada basado en la capa de energía que uno dirige a través de ellas, y que cada emoción puede tener varios significados.

> ¿Sabías que en el idioma Mandarín, una palabra puede tener varios significados? La palabra ma, por ejemplo, tiene cuatro significados diferentes basados en el tono que utilizas para pronunciar la palabra: una entonación significa madre y otra entonación significa perro... Hay mucho margen para error aquí, como la hay para la percepción emocional de otros.

Lo que algo significa para mí se basa en el enfoque con que esté viendo eso. Si no sabes o entiendes mi punto de vista, entonces no sabes mi significado. A través de la reinterpretación de sentimientos difíciles, tú empezarás a innovar tus propios pensamientos, lo que te permitirá ser más intuitiva en cuanto a entender a otros.

Domina Tu Mundo Interior: Acepta Tu Poder con Alergia también habla del miedo, como te sientes cuando experimentas miedo, y a través de nombrar el miedo te da una forma definitiva para enfrentarlo de tal manera que cambiará para siempre.

El desplazamiento planetario requiere que nosotros nos desplazamos sobre todos los niveles: físicamente, energéticamente, emocionalmente, mentalmente, y espiritualmente. A través del calentamiento global, fracking, y otras alteraciones causadas por la humanidad, experimentamos temblores, tsunamis, y otros eventos en nuestro planeta. La humanidad experimenta masivamente estos mismos cambios internamente. En el ritmo natural de la integración espiritual, un proceso identificable ocurre. Cuando podemos reconocer nuestro lugar en este proceso somos más capaces de navegar nuestra evolución a través del entendimiento de nosotros mismos.

Un viejo dicho, *el agua busca su propio nivel*, describe el concepto espiritual del más bajo denominador común. Toda persona tiene una más bajo denominador común, la parte de ellos mismos que es de la frecuencia más densa, como sentimiento de ineptitud, odio, duelo, inferioridad, etc. El más bajo denominador común no puede evolucionar espiritualmente hasta que la persona ha pasado por un proceso de evolución espiritual. Y, el enfoque a través del que ve ha sido transformado o aumentado a otro, más expansivo, en su forma de ver y experimentar la vida. El más bajo denominador común puede ser encontrado en todos las capas de la mente, cuerpo, y espíritu.

La decisión es la primera herramienta a dominar. Inicia con el concepto que la consciencia de cada ser humano está compuesta por un *ser más alto, ser medio,* y *ser bajo*. En este modelo, el ser más alto es la frecuencia más alta a la que tenemos acceso. El ser medio es la mente competente mientras que el ser bajo es toda la energía que es contenida en nuestro espíritu- o como yo me refiero a él, *la brecha.*

Cuando la mente consciente decide hacer algo, hace una petición al ser más alto. Antes de que suceda, toda la información en el espíritu es analizada para determinar que obstáculos existen para la manifestación de la idea. Todo el enfoque después se moverá al más bajo denominador común de la energía o el obstáculo más formidable. Discerniendo qué obstáculos o ideologías pueden quedarse y apoyar la idea emergente o cuales necesitan ser recicladas.

Si tenemos creencias que no permitirán la manifestación de nuestro deseo, entonces nuestras decisiones probablemente se emparejaran con nuestras creencias y no con nuestros deseos. Sabemos ahora cuales sistemas de creencias tenemos que no están alineados con lo que queremos, y podemos optar por dejarlos y adoptar nuevos que coincidan con nuestras metas.

Muchas filosofías espirituales mantienen un concepto conocido como la *muerte santa,* la cual se refiere a una muerte o finalización del espíritu. Cuando la muerte ocurre en cualquiera situación, marca el fin de una dinámica y el inicio de otra. Si reconocemos que todas las cosas son creadas de espíritu, entonces el espíritu sería el lugar al cual acudir para hacer cambios a esas creaciones.

Lo que cuesta curar

Curar requiere un deseo por sanar sin cesar, compromiso inequívoco y la devoción al proceso, y una confianza completa en las partes más profundas de ti mismo por haber creado el conflicto (en un nivel espiritual) al principio. Sólo a través de honestidad brutal-y algunas risas- es que podemos curarnos a nosotros mismos y a este planeta. Espero que este libro sea el principio del proceso para otros como lo ha sido para mí.

Cada quien tiene sus propio fantasmas de eventos pasados, de gente mal tratada, de decisiones irrevocables hechas por ti o que te afectaron. Sin importar como estas energías se presenten, o el paradigma por el cual las ves, están ahí y pueden ser reconciliadas de alguna manera. No tienes que continuar viviendo con ellas. Pueden ser transformadas y sanadas cuando reconoces su propósito. Este libro, aunque dice la verdad, no está diseñado a ser *la* verdad, pero para reflejar la verdad del lector a él. Las secciones de cada capítulo están conectados el uno con el otro en términos de significado y entendimiento, pero la lógica no es exacta y lineal.

Sea o no que el concepto de vidas pasadas es parte de tu sistema de creencias es irrelevante aquí, lo que es verdad es que todos cargamos con nosotros las marcas de conocimiento espiritual que, cuando procesadas, despierta en nosotros una verdad, sabiduría, y entendimiento sobre nosotros mismos.

Estas marcas de conocimiento espiritual nos demuestran una dinámica que tanto no nos sirve e incluye la forma de salida de la vieja dinámica, todo en un paquete. Estas marcas se llaman los registros Akáshicos, el linaje personal de nuestra alma de como sabemos todo lo que sabemos. Los registros Akáshicos seguido nos ofrecen la oportunidad de sufrir lo que se quedó atrás, y- a través de la acción de duelo-crear espacio en el cerebro para afirmar una nueva dinámica hasta el nivel bioquímico.

Cada capítulo incluye varias secciones: *Las Armas del Sanador, El camino del Sanador, El Lema Del Sanador, El Pacto Del Sanador* y *El Altar Del Sanador* (o ritual).

- *Las Armas Del Sanador* son dinámicas positivas o negativas que todos experimentamos, como alegría o lastima propia. Es a través de estas dinámicas que el Sanador es capaz de presenciarse a sí misma y otro y aprender sobre su más profunda expresión espiritual, transformando sus patrones y ambiente.

- *El Camino Del Sanador* da un concepto que ayuda a que el sanador se alinee con su verdad durante la fase particular de desarrollo que el Sanador puede estar experimentando.

- *El Lema Del Sanador* es una frase o afirmación que un sanador puede repetir una y otra vez para recordarse a sí mismo de su camino elegido.

- *El Pacto Del Sanador* es una idea unificante a lo que todo sanador se une en su viaje.

- Y finalmente, *el Altar Del Sanador* o *Ritual* es la terminación del mundo físico que cimienta el compromiso del sanador con su deseo por vencer cualquier energía omnipresente profundamente plantada y después sanar a cada nivel.

La información en los capítulos te educará sobre demonios y todas las dinámicas espirituales por las que nosotros los humanos podemos ser afectados. Aprenderás cosas como quién y qué son los demonios, dónde viven, cómo fueron creados, y cómo y por qué funcionan como lo hacen.

También serás iluminada sobre lo que ya tienes, y lo que necesitas tener, para poder comenzar la victoria sobre cada uno de ellos. Tu adquirirás un entendimiento des tus armas espirituales personales que has traído a esta vida y las dinámicas dentro de ti que están siendo sanadas.

Las anécdotas en este libro son inspiradas por hechos de la vida real pero de ninguna forma son certeras a la experiencia exacta de alguien. Las he creado para ilustrar de manera definida la dinámica espiritual especifica que yo creo son las más valuadas y necesarias para esta enseñanza.

Otra vez, los elementos del libro son interactivos y pueden incluir información que conecta con cualquiera de las parábolas e historias. La finalidad de este diseño es para que tú el lector seas capaz de llegar a tus propias historias personales y verdades a través del proceso de leer este libro.

Finalmente, cada capítulo es mi historia personal, conteniendo alguno de los eventos, visiones de vidas pasadas, y experiencias espirituales que iluminaron mis guías espirituales e historias. Siempre he sido empática, psíquica, y completamente consciente de mi conocimiento espiritual, desde mis días en la cuna. No creo que sea única en esta experiencia, y yo creo que, muchos de los ciudadanos de nuestro mundo se están abriendo a su conocimiento personal o nacen con la consciencia empática de sus dones, o *herramientas* como yo prefiero llamarlas.

Este libro ofrece estrategias para equilibrar los traumas de la vida y nos reta a tener la audacia para reírnos y ver el mundo a través de los ojos de otro. Una perspectiva espiritual junto con recuentos de la vida real, revuelta con los como hacer algo y como no hacerlo, serán útiles para aquellos que están dispuestos a ayudarse a sí mismos.

En nuestra cultura hoy hay mucho enfoque en lo que hemos perdido o estamos perdiendo. Como yo lo contemplé, estamos trayendo luz a sitios aún más oscuros y densos en nuestros espíritus y en nuestro mundo.

Es mi esperanza que todos dentro del sonido de mi voz buscarán su verdad y que a través de este libro todos los lectores tomarán y enfrentarán a sus demonios tengan ellos la forma que tengan, ganando un entendimiento más profundo de sí mismos, otros, y los forma en la que el universo funciona. Finalmente, yo espero que tú sepas que el duelo y el sufrimiento son simplemente una parte del proceso espiritual para ser bello y estar en paz, y que la paz es inevitable para cada persona que hace el esfuerzo.

Siéntete con la libertad de trabajar con este libro que la forma que seas guiada. Léelo en orden, fuera de orden, sólo partes de este, o en la forma que necesites para poder metabolizar la información correcta en el tiempo correcto.

Y si has sido dirigida hacia este libro, entonces sin duda tiene algo para ti o para alguien que conoces. Así que sigue a delante y conquista.

PARTE 1
Juega En Tu Cancha

Los Demonios siempre te encontrarán- tú nunca debes ir con ellos

Las Armas del Sanador:

Determinación, Liderazgo, Ligereza, Confianza, Conciencia

La Historia de NGUVU JABARI: Nunca Pierdas

Esa mañana el bosque estaba rico en silencio. Era como si todas la criaturas, grandes y pequeñas, sabían que algo se acercaba. Había estado soplando por el viento de la gran agua por días.

Nguvu Jabari había llevado a su gente muy adentro del bosque más allá de un acantilado que contenía el sitio perfecto para esconderse. Desde el agua, se veía como una piedra empinada, dentada, formidable e implacable. Nadia iría ahí por su propia voluntad. Del otro lado de ella, bajando la piedra, había una grieta que seguía la pared del norte de una manera suave, hasta el piso. Hasta había una cascada que llevaba a un estanque subterráneo mucho más grande. El espacio estaba casi perfectamente redondo y podía contener cómodamente a más de cien personas. Ahora sólo quedaban setenta y nueve en la tribu y dos se habían quedado: Nguvu y su aprendiz. Alguien tendría que tomar el mando cuando él se retirara. Ese era el plan.

Nguvu Jabari era el jefe y líder espiritual de su tribu, una de las semillas originales del planeta; parecía nunca envejecer. Parado medía unos 6'8" pies, Nguvu era un hombre gigante con músculos fuertes, rectos y ojos negros, punzantes. Tan fuerte y poderosas eran las emanaciones de sus ojos negros, que la mayoría quienes lo conocían no estaban completamente cómodos en verle la mirada. Es de ahí de donde venía su poder: el espíritu que fluía a través de sus ojos.

En su cabello estaban los registros del camino de una vida de supervivencia, triunfo y liderazgo. Su cabello estaba repleto de nudillos y dientes al igual que rosarios coloridos y palitos tallados. Cada uno de ellos contaba la historia de un viaje que él había tomado de parte de alguien más, una batalla ganada, o una petición de su dios. Tenía piel café enriquecida que estaba ligeramente cicatrizada y llena del desgaste de sus obligaciones. Su presencia era masiva, un evento en sí mismo. Sus pies y lanza eran la suficientemente grande para cargar su espíritu; la tenía lados como un semental que cargaba con lo demás. Simplemente adornado, un pedazo de piel de animal estaba amarrado a su mitad. Nguvu Jabari recordó quien era y sabía que no podía perder nunca. Era la herramienta más poderosa que tenía. Nunca hay derrota-solo rendición.

Aun había mucho por hacer. Nguvu Jabari tenía a muchos amigos en su bosque, ya que él podía habar con todas las criaturas. Él había estado mandando su súplica por ayuda durante cuatro días. No era una simple asistencia lo que necesitaba. Era sangre. Finalmente la respuesta a su petición llegó.

Era época de apareamiento. Uno de los gorilas se había hecho de edad y haba intentado tomar su lugar en una manada al otro extremo del bosque; al desaliento del joven gorila, estaba gravemente herido. Había mucha sangre. Los pájaros negociaron un acuerdo que Nguvu Jabari lo podría salvar, si él podía tener algo de su sangre. Estaba hecho. El gorila sangró hacia el piso alrededor de un espacio sagrado con una gran, plana y biselada piedra. Nguvu había escogido este sitio, a casi quinientos metros de la playa en un pequeño aclaramiento. Posicionaron al gorila de tal forma que la piedra podría ser cubierta de sangre mientras Nguvu lo suturaba.

El tiempo de la llegada se acercaba, y necesitaban hacer que el gorila tuviera la fuerza de viajar por su cuenta, al menos una cuantas millas sin rastro. Lo alimentaron, lo lavaron, y le dieron un brebaje de planta especial que le daría la fuerza de moverse inmediatamente. El aprendiz agregó suficiente agua para duplicar la cantidad de sangre, y el plan ahora estaba iniciado. Todos tenían suerte ese día.

Ahora era la noche antes de la llegada. El aprendiz ayudó a crear la fogata ceremonial. Había estado cazando madera seca por días para que dejara un cantidad enorme de ceniza. La mezcla perfecta de ceniza y arena era lo que necesitaban. El bosque entero podía ver el humo. Nguvu Jabari estaba sentado quieto, viendo las llamas continuas. Toda la noche hubo un zumbido bajo por el aire, una especie de emoción triste. Su corazón y adrenalina estaban igual en su movimiento. Estaba sentado en todo su espíritu y unido con el universo.

Saber que nunca hay pérdida, pero sólo la aceptación de lo que es, y conocer tu poder dentro de él. Porque todas las cosas se mueven en un gran circulo, que jamás termina.

Nguvu Jabari

Era hora de retirar sus fuerzas de su gente y transferir el amor y energía de su obligación a su aprendiz. Su aprendiz era un hombre cautelosamente sabio para su joven edad. Nguvu se dio cuenta desde muy temprano que este joven lo podía ver directamente a los ojos sin titubear, y Nguvu sabía que era el que cargaría con su legado. Nguvu no tenía hijos pero a pesar de ello todos descendían de él.

"Veras, un legado no es de sangre o ascendencia sino un camino espiritual," decía el siempre.

Conforme llegaba el tiempo estaba parado al lado de su aprendiz y dijo, "Ahora es tiempo de recordar quien eres. No tu creencia sobre mí ni los sacrificios que estoy haciendo y lo que eso significa para ti, pero recuerda la semilla inicial de tu corazón; conoce completamente a tu espíritu, quien hasta esta fecha sólo te ha seguido a ti. Ahora debes honrarlo y seguirlo, la semilla del Creador dentro de ti, y tomar tu lugar en tu Universo. Saber que nunca hay pérdida, pero sólo la aceptación de lo que es, y conocer tu poder dentro de él. Porque todas las cosas se mueven en un gran circulo, que jamás termina. Ve, y cuida a nuestra gente."

Había suficiente madera para quemar por mínimo cuatro horas más, pero para ese entonces ya toda habría terminado. Nguvu podía ver las velas de los barcos en el horizonte.

El sitio que había escogido para la piedra ensangrentada era un camino fácil desde el agua. Él no quería que fuera muy complicado para ellos, ya que sus expectativas ya eran bajas. Él había tomado algo de sangre y se había cubierto la cara y cuerpo con ella. El fuego aún quemaba fuerte, y había suficiente ceniza para ochenta cuerpos. Él ahora se sentaba sobre la firme piedra en esperando.

Justo cuando el amanecer llegó él escuchó ruido sobre el camino. En los ojos de su mente veía lo que realmente era: era grande y feroz, casi como si no tuviera piel. Los ojos rojos, poco iluminados, ocupaban la mayoría de su espinosa cara, a excepción de las filas de dientes que asemejaban clavos de madera. Su cola azotante hacia que el piso temblara de su estupidez y anticipación glotona. Viajaba con un grupo de cinco hombres delgados.

Intentaron mantener bajas sus voces, pero no podían contener su mirada iracunda y susurrante. Charlaban sobre una gratitud falsa sobre lo fácil que los salvajes se lo habían hecho. Viajaban por el camino fácil dirigidos por ello, el de los rojos y dientes rechinando. Rápidamente, llegaron a Nguvu Jabari, quien estaba sentado jovialmente cubierto en sangre con sus ojos cerrados. Estaban un poco confundidos.

Nguvu abrió sus ojos y dijo, "los he estado esperando. Soy todo lo que necesitarán y todo lo que conseguirán." Mientras reía dijo, "he matado a los demás."

Nguvu Jabari, la Fuerza de Dios

Nguvu Jabari es un líder de tribu y chaman, y su nombre significa *el poder o la fuerza de Dios* en Swahili. Nguvu es muchas cosas: un miembro de mi linaje espiritual, un guía espiritual, un aspecto de mí misma. Su esencia ha estado conmigo desde que yo puede recordar, guiándome y protegiéndome - a veces de otros y a veces de mí misma. Su presencia da nuevo significado a la gratitud, de cómo puedes dar gracias de manera correcta a la esencia del origen de todo lo que eres. Es como darle gracias al H_2O, O_2, y la sal.

El Camino del Sanador: Se Tu Mismo y Sana

Todos nosotros, de alguna manera, somos sanadores de demonios, pero definitivamente hay dos tipos de sanadores: los que siguen el camino del sanador por un tiempo y los que siguen el camino del sanador por toda la vida. Sin importar cuál de ellos eres, las reglas del juego son las mismas.

Ser o convertirte en un sanador es una fase de desarrollo espiritual en donde cultivas habilidades muy específicas que puedes mantener y usar a lo largo de una vida. Un sanador temporal, aunque requiera de las mismas habilidades utilizadas por un sanador de por vida, usa sus habilidades sólo por un tiempo, comúnmente en contextos situacionales y condicionales. Una vez que el tiempo ha pasado, ella se convierte en una *observadora.* La persona siempre tendrá la conciencia y habilidades que fueron desarrolladas, pero usará el conocimiento en silencio, guardando los secretos de aquellos con los que cruza caminos. No tendrá necesariamente una vida donde esas habilidades estarán en constante demanda.

A diferencia de un observador un sanador interviene de alguna forma. Ambos roles son vitales para la comunidades en transformación espiritual. Un mirador guarda los secretos por la gente siendo transformada, mientras que un sanador siempre sabe el mejor método de abordaje, ya sea confrontación o sumisión. No te equivoques sobre ello: estar en el camino del sanador puede ser peligroso y merece tu completa atención y respeto. Estar en un estado aumentado de alerta es un estado natural para un sanador de demonios, quien tiene necesidades especiales de alimento y cuidado.

Demonios Para Principiantes

Tu tienes el poder

Esto es lo primero que debes saber sobre demonios: tú tienes todo el poder. No lo olvides. *Tú* tienes *todo* el poder. Los demonios no quieren que tú sepas eso. Ya que lo sabes, podemos seguir adelante.

Tanta gente tiene tanto miedo de los demonios. Dada su historia, puedo entender porque. Sin embargo, sólo puedes temerle a algo mientras no lo entiendas. Me gustaría desmitificar esto para ti. No te preocupes si has escuchado que con sólo hablar de demonios serán llamados hacia ti. La verdad es que algunas personas ya tienen algo de conciencia sobre ello de alguna forma, o la tendrán en un futuro, algunos jamás la tendrán. Si has decidido leer este capítulo o comprar este libro, entonces probablemente ya tienes la visión y algo de entendimiento o lo necesitarás en un futuro. Todo lo que obtendrás al leer esto es empoderamiento. Si no sabes con todo tu corazón que tienes todo el poder, entonces no estás listo y deberás considerar saltar a otro capítulo.

De nuevo, la primera cosa que debes saber sobre lidiar con entidades muy horripilantes del inframundo es que están en *tu* mundo; tú no estás en el de ellos. Ellos necesitan una invitación y fuente de energía para estar aquí. Ahora deja desglosar lo básico.

> La idea es que los humanos u otros seres no son inherentemente malos, pero puede adoptar, y ser dañados por, el espíritu del pecado.

El inicio

Mucha gente piensa que sólo es el Cristianismo, el Islam y el Judaísmo quienes tienen unas creencias en demonios, pero casi toda religión tiene muy profundamente en sus textos, historias de seres demoníacas y sus secuaces. El concepto de un demonio no es algo que es convocado simplemente para explicar el mal; el concepto de un demonio viene del entendimiento que la energía es una fluido y puede ser dotado con emociones humanas. La idea es que los humanos u otros seres no son inherentemente malos, pero pueden adoptar, y ser dañados por, el espíritu del pecado.

Toma, por ejemplo, la emoción de la ira. La ira vibra a una frecuencia mucho más baja que, digamos, irritación o frustración. El uso de oración para evitar en mal se basa en la idea que la oración nos ayuda a rechazar la tentación de posesión por el espíritu de ira; que no nos permitimos ser entregados a la ira, a enfocar a alguien más con ira, o crear karma basado en nuestra ira.

Puede sentir y expresar ira sin dirigírselo a alguien. Sentir ira es una tentación; el pecado estará usando esa emoción para hacerte daño a ti o a alguien más. Reconoce que sentir ira es evidencia de trauma o dolor no procesado, una energía que tú has reprimido u obviado tus propias necesidades. Cuando expresas tu energía sin dañar a otro, ya no eres vulnerable a cualquier otra entidad que puede buscar aprovecharse de tu energía no expresada.

El Camino del Sanador: **Se Tu Misma y Sana**

El demonio inicial

A decir verdad, la emoción de la ira tiene un trabajo muy importante, y rol específico, dentro de tu dinámica espiritual. La ira es la emoción que eleva o expande tu creencia o reconocimiento del Creador. La ira te transiciona de tu imagen del Creador de qué o quién el Creador realmente es. Así cuando haces objetivo a alguien con tu ira, te evitas a ti mismo expandir tu imagen del Creador y la verdad.

Tu corazón y garganta de hecho se abren a la alegría y el amor cuando expresas ira. Sin embargo, cuando localizas tu ira, lo reprimes y los enfocas en ti mismo o en tu objetivo. Tu objetivo es el recipiente de tu ira pero no necesariamente la razón por la cual estas enojada. Enfocar la ira en alguien es una forma de buscar entendimiento a través de la culpa. Cuando escoges a alguien para tener la culpa, naturalmente y espiritualmente te sientes culpable. (La culpa es mente inconscientemente diciendo que estás pasando sobre tu corazón y tus necesidades.) Aunque una situación aparente ser la culpa de alguien, si realmente rastreas la situación a cada decisión que se hizo, a la gente y formas de pensar que lo influenciaron, entonces encontrarás mil manos contribuyendo a la situación y que nadie específicamente tiene la culpa.

Frecuentemente, cuando algo malo ocurre, la gente no se permite estar triste y llorar. Llorar te ayuda a que eventualmente reflexiones sobre lo que paso y por qué, finalmente llevándote a la información necesaria para encontrar el perdón para ti mismo y los demás involucrados. El duelo es el proceso. El procesar emociones significa que tomas la energía y cambias su forma de una vibración a otra.

Regresa millones de años a una época cuando realmente no conocíamos mucho. Regresemos a, digamos, los días del cavernícola cuando la energía espiritual en el planeta era mucho más densa, y aún teníamos por cultivar una mente o cuerpo que podía procesar el entendimiento espiritual del Creador. Ese don sólo lo tenían algunos. La población era pequeña a comparación de hoy en día. Ahora imagina que eres un hombre viviendo en una cueva con tu pareja y un pequeño bebé. Te levantas una mañana, sales de la cueva para saludar al sol y oler el amanecer de la mañana, y quien más estará ahí para encontrarse contigo que un tigre dientes de sable. La bestia enorme te agarra desprotegido, te pellizca con sus garras, y comienzas a correr.

"Aaah!"

De tu boca, la energía y adrenalina producto de un profundo miedo e ira son liberadas mientras peleas por tu vida. *Devastado* y *aterrorizado* no puedes empezar a describir tus sentimientos mientras lentamente (o eso parece) llegas a una abrupta, y dolorosa muerte.

Vaya, con tan sólo pensarlo- la agonía de la impotencia que debiste haber sentido- me entristece.

Ahora, imagina dos cosas sobre este escenario: la energía del miedo, ira, e impotencia que gritó el cavernícola justo antes de su abrupta muerte y su espíritu sin cuerpo. La profundidad de su emoción se ha ido sin expresarse- la confusión, desorientación, e incredulidad mientras se sienta al lado de su cuerpo, pero sin estar en él.

¿Ahora qué? Debe estar pensando.

Su temeroso, enfadado, y posiblemente enojado espíritu vaga por el área mientras entra en razón de lo que le ha pasado a él. Ahora debe alimentarse de energía de donde sea que la encuentra. Desesperado por comunicarse con su esposa y su precioso bebé, todo lo que hace es asustarlos. En su frustración, el enojo y miedo se tornan en furia, resentimiento e ira.

El espíritu sin cuerpo no es capaz de hacer duelo por su pérdida porque la ira no le permite decir lo que realmente quiere decir: decirle adiós a su esposa e hijo y compartir su amor con ellos. El vaga por la tierra por su eternidad, sin encontrar ayuda o salvación. Ahora es el siglo veinte. Su ira hueca ha tomado forma, no físicamente pero como una gruesa, formidable esencia de ira y amargura. Ha crecido cuerno y una cola y ahora sólo busca caos y el placer de causar desorden y asustarle la vida a un pobre inesperado sujeto en su camino. Ya no hay la apariencia de amor o compasión, solo aniquilación.

Esto sólo es un único ejemplo de como la energía toma forma.

> Un demonio nunca se ha encarnado en el reino físico. Un demonio nunca ha sido formado en materia. Es una creación que vive en su propia dimensión o vibración de energía.

Para desglosarlo un poco más, inicialmente, cuando el cavernícola muere, lo llamamos *desencarnado.* Su espíritu es lanzado de su cuerpo, pero debido al trauma no es una vibración espiritual suficiente para la ascensión del *sobrealma,* un término que reconoce la conexión espiritual y unidad de todas las cosas. Así, él se convierte en un espíritu vagante sin un cuerpo. Después está el elemento del miedo e ira que están presentes dentro de su espíritu. En este escenario, nuestro cavernícola es incapaz de separarse del espíritu de miedo e ira, y por ende se alimenta de esto.

Supongamos que en algún punto en un futuro lejano el espíritu del hombre está listo de ser ascendido de nuevo a su sobrealma. Primero necesitará ser entregado del espíritu de miedo e ira. Si ambos de estos elementos espirituales se mantienen intactos por años, décadas, o tal vez siglos, entonces ambos ganarán poder, energía, y esencia conforme son alimentados por las energías en sus entornos y manifiestan vida en su propia dimensión espiritual. La diferencia del espíritu del hombre y el espíritu de miedo e ira es que el espíritu humano desencarnado eventualmente tendría un sobrealma a la cual recurrir; mientras que la energía de miedo e ira, con el tiempo y con la alimentación del colectivo, puede convertirse en un demonio. Un demonio nunca se ha encarnado en el reino físico. Un demonio nunca ha sido formado en materia. Es una creación que vive en su propia dimensión o vibración de energía. Es por eso que un demonio debe tener nuestra invitación para hacer contacto con nosotros.

> Tu habilidad de tratar con intrusiones demoníacas varía en cada determinado tiempo, pero siempre estás dotado de las habilidades necesarias, disciplina (aunque puede ser no cultivada), y recursos para asegurar tu éxito.

El Lema del Sanador: Toma Autoridad

Los Demonios son Personales

Nacimos dentro de nuestro propio microcosmos del macrocosmos; nuestro espíritu nace en nuestros cuerpos en el mundo. De igual manera, nuestros demonios nacen de este mismo viaje, y la gente comúnmente carga con ellos por la línea ancestral, hasta que pueden ser metabolizados y transformados en aceptación, perdón, y curación.

Entonces, sí, tienes demonios que son personales a ti. Si estás alrededor de otros que están afectados, entonces tú también en algún punto has sido afectado. Tu habilidad de tratar con intrusiones demoníacas varía en cada determinado tiempo, pero siempre estás dotado de las habilidades necesarias, disciplina (aunque puede ser no cultivada), y recursos para asegurar tu éxito.

Eso es un hecho.

Nuestras almas son antiguas y todos tenemos la huella de lo que se conoce como registros Akáshicos, nuestro software personal que nos dice quiénes somos. Las huellas de nuestras muchas historias de vida están en estos registros, cosas que nuestras almas han vivido y descubierto, al igual que cosas que hemos y aún tenemos por superar. Aunque creas o no en el concepto de haber vivido antes en otro tiempo, debes reconocer que la información sobre ti está contenida en tu espíritu.

Ahora, definitivamente hay gente que no tiene mucha complejidad en sí mismos, y su enfoque en la vida parece ser sencillo y contenido. Toma en cuenta que no hay principiantes- o almas *nuevas* como algunos los llaman- en este viaje, sólo almas con maquinaria nueva. Nunca podemos perder la historia y sabiduría que adquirimos; sólo podemos quitar nuestro enfoque de esa historia y sabiduría.

La gente llega a este mundo con un propósito y con las creencias e ideologías apropiadas para hacerlo realidad. El realmente conocer a otra persona significa ser capaz de entrar, reconocer, y aceptar su propósito y todas las huellas que vienen con esto. No puedes juzgar a una persona desde tu propia percepción a menos que seas capaz de completamente empatizar y experimentar su situación desde su punto de vista. Por la mayor parte, cuando aparece que estás juzgando a otro, sólo estás haciendo una valoración de ti mismo en algún nivel.

Por ejemplo, ¿sabes que como cuando tienes una mala ruptura amorosa las cosas se quedan sin decirse, y después te lo encuentras en algún sitio y todos eso sentimientos reprimidos regresan hacia ti? Bueno, aunque los expreses o no, los sentimientos están esperando ser expresados. Dependiendo de cuanto esperes, esos sentimientos atraen más energía y experiencias que resuenan con ellos, hasta que finalmente son demasiado pesados para no expresarse o resolverse. Imagina la amargura que puede crecer a través de una vida de relaciones fracasadas o decepcionantes, y qué le ocurre a esa energía cuando la persona muere sin haberlo resuelto. ¿Hacia dónde se va esa energía y cómo se ve?

El Lema del Sanador: **Toma Autoridad**

Ahora, digamos que en algún punto del continuum de tu alma literalmente te espantaron hasta la muerte, y el miedo y la muerte abrupta se quedaron sin ser procesados por tu alma. ¿En qué se manifestaría esa energía cinco mil años después? ¿Alguna vez has tenido una enfermedad crónica? ¿Has nacido con una cicatriz o marca de nacimiento? ¿O tal vez tienes ciertos sentimientos sobre una cultura diferente sin tener conciencia de experiencia alguna con ella? Estas son las maneras en la que tu alma se puede comunicar contigo a través de las huellas con las que cargas. Todas son parte de las muchas pistas de tu misterio personal en espera de ser investigado.

La buena noticia es que cuando abrazas el proceso de descubrimiento, tu camino se vuelve divertido, estimulante, y- a tiempos- inspirador. Todos estos son sentimiento que te ayudan a vencer la ilusión de dificultad, confusión, o miedo, ilusiones que inevitablemente jugarán un papel profundo en el proceso de iluminación también.

¿Puedes ser afligido por el demonio de alguien más?

Sí y *no*. Permíteme repetir: si estás conectado de cualquier forma a reconocer este tipo de energía; entonces estás o has sido afligido tú mismo. El juicio aquí queda superfluo. Si tienes miedo de, o eres muy resistente a, esta información entonces estás conectado de una manera inconsciente en lugar de una consciente. Finalmente no resultará beneficioso enojarte y huir o abandonar una relación o situación en la que te encuentres porque la otra persona resulta estar afligida.

Sin embargo, no por nada, esto ocurre mucho y es una respuesta muy común de tener. Es la respuesta del reconocimiento de un poco de nuestra propia historia. Tendemos a luchar fuertemente contra o resistir la información que aún no se ha vuelto parte de nuestro competente entendimiento de nosotros mismos.

Cómo Yo me Convierto en Sanador de Demonios

Determinación

Algunos de mis recuerdo más viejos provienen de batallas de demonios. Era una niña feliz pero plagada con criaturas de otro mundo. Muchas noches me revolcaba, sin sueño y con miedo. Usualmente me iba a cama con la luz del closet encendida, pero siempre los sueños vendrían.

A veces no sólo eran sueños; eran los de clase pesada. Una noche me desperté en medio de una jadeada de aire. No podía respirar. Algo grande, horripilante, y con cuatros patas estaba sentado en mi pecho. No tenía un cuerpo real, pero era tan pesado como real. Abrí mis ojos y alcance a tomar un vistazo e inmediatamente empecé a recitar la Oración de Nuestro Señor. Tendría entre cuatro y seis años de edad. En este punto, aún no había aprendido por completo la Oración de Nuestro Señor o pasado mucho tiempo en la iglesia.

Fui bautizada en una iglesia Metodista cuando bebé, pero eso había sido todo. No éramos una familia que acudía a misa a excepción de Noche Buena. Nosotros siempre íbamos a la iglesia en la Noche Buena. Tengo un gran amor por las iglesias, así que hice mi misión de ir lo más seguido que podía con quien fuera que me llevara. La denominación no importaba. Fui al Primer Congregacional, Baptista Burean, Reina de Ángeles, y a una sinagoga con varios amigos y familiares. Cuando tenía la suficiente edad, yo iba por mi cuenta a Heights Christian y hasta era Delilah en las "Parábolas Festivas".

> La buena noticia es que cuando abrazas el proceso de descubrimiento, tu camino se vuelve divertido, estimulante, y- a tiempos- inspirador.

Desde que era una niña, siempre podía ver la naturaleza de las personas y si tenían o no *compañía*- demonios u otros agregados. Yo le llamo *criaturas* a todas estas entidades espirituales como un término colectivo. Podía verlos y saber si tenían intenciones buenas o malas. Para ese entonces, pensaba que era la persona, en lugar del bicho, quien tenía la mala intención. Lo entiendo de manera diferente ahora.

Esto no era algo que le había dicho a alguien; era sólo un pequeño secreto que yo guardaba. Tenía ocho o nueve años de edad, conforme mis pesadillas se hacían más espantosas, decidí unirme a los Baptistas. Los Baptistas siempre eran tan amigables, y de alguna forma sabía que eran buenos sanadores de demonios. Mi amiga de la infancia Lisa y su familia iban cada domingo. No recuerdo que tanto iba o mucho de lo que hacíamos excepto por una ocasión.

Madeleine era la señora que les enseñaba estudio de la Biblia a los niños chiquitos. Un día pidió hablar conmigo y me jaló a un salón auxiliar. Ella podía ver lo angustiada que estaba, y me preguntó si estaba bien. Le dije que mi papá estaba enfermo.

Ella me pregunto, "¿Con que?"

Le dijo que no sabía. La verdad era que mis papás no sabían, porque él aún no había sido diagnosticado. Todo lo que sabían en ese entonces es que su colesterol estaba un poco alto y necesitaba cambiar su dieta. Empezó a comer granola y leche sin grasa, toda parecía estar bien con el mundo. Pero en realidad, él tenía cáncer de los riñones que se mantendría sin diagnóstico y eventualmente haría metástasis al hígado y páncreas y después tomaría su vida en dos o tres años.

Madeleine me preguntó si tenía a Jesús en mi corazón, o si me gustaría tenerlo. Elle me dijo que me ayudaría. No sé qué pensé. Pero me dijeron que si me convertía en una Cristiana renacida, entonces eso salvaría el alma atea de mi papá. Ella me pidió que me arrodillara, doblara mis manos, decirle a Jesús lo que quisiera, y pedirle entrar a mi corazón. De repente sentí esta enorme luz blanca entrara a mi cabeza y abrir mi corazón. Al menos ya tengo palabra para ello. Ahí sólo colapse y entré en llanto.

Ella me explicó que si estaba con Jesús, entonces toda mi familia se salvaría también. Sentí un extraordinario alivio. Mi padre era una persona dinámica y cariñosa que siempre estaba al servicio de los demás, por eso no podía tomar riesgos y necesitaba cubrir mis bases. Salí del cuarto con el poder de la espada ese día y nunca vi para atrás.

Sabía poco de religión-al menos de esta vida. Pero muchos rituales Protestantes, Católicos, Budistas, y Judíos parecían conocidos, como si ya estuvieran grabados en mi espíritu. Parecía tener mucha memoria actual, como saber la Oración de Nuestros Señor de una forma que sólo pudo ser alcanzada por años de repetición- y no hacíamos repetición en mi familia.

Lo único del Cristianismo que me molestó desde una edad muy joven era la hipocresía que miraba en la gente que pasaba mucho tiempo en la iglesia y las aparentes contradicciones dentro de la Biblia. Tengo gran amor por todas las religiones y los mecanismos que ofrecen a todos los espiritualistas. Tengo un gran amor por todas las religiones y el mecanismo poderoso que ellas ofrecen a todos los espiritualistas. Tengo una gran reverencia para Jesús al igual que todos los maestros ascendidos que han honrado nuestro planeta con su amor, conocimiento, y maestría.

Antes de que continuemos, creo que es importante que tú sepas donde estoy parada. No creo que uno sólo esté exclusivamente en lo correcto; yo creo que todos los maestros ascendidos representan una función de ilustración dentro del proceso espiritual como es interpretado por los seres humanos. Los textos espirituales deben ser leídos a través del lente de tu corazón, no tu cabeza, y todos los textos espirituales buscan explicar el fenómeno profundo del camino del Creador a través del entendimiento de como nuestro universo trabaja a través de espíritu, mente, y cuerpo. El Dios que yo conozco adorna todos los corazones.

Los textos espirituales deben ser leídos a través del lente de tu corazón, no tu cabeza, y todos los textos espirituales buscan explicar el fenómeno profundo del camino del Creador a través del entendimiento de como nuestro universo trabaja a través de espíritu, mente, y cuerpo.

Encontrando Aceptación en Conexión

Los departamentos Robertson

Pase cerca de diez años siendo supervisora de un complejo de departamentos en Los Ángeles. Por *supervisora,* me refiero a gerente de propiedad, pero para mí, nunca era la propiedad lo que realmente dirigía. Era en espacio dentro y alrededor esta propiedad y aquellos atraídos a ella. Era realmente un lugar mágico de transformación. Había vivido ahí por cinco años cuando recibí la *llamada,* refiriéndome a la compulsión espiritual de ser fiduciaria para este lugar de transformación espiritual y aquellos transformados.

Fui llamada a vivir ahí como un mes después del gran terremoto de Los Ángeles en 1994. La propiedad está situada en la cúspide de Los Ángeles. Antes en los 1930s, antes de la Autopista Interestatal 10, los departamentos Robertson era unos reservados, pequeños bungalós construidos de madera con un pequeño puesto de sándwiches en la propiedad. Twentieth Century Fox Studios lo utilizaba como hospedaje temporal para sus empleados.

En los 1950s, la mitad de la propiedad fue tomada por el gobierno quien reclamaba dominio eminente, y la autopista se construyó atravesando la mitad del complejo, completamente cambiando el tamaño y estructura. Yo creo que esto cambió la composición energética del complejo para siempre. Que te roben tu tierra… vieja historia, lo sé.

Para reemplazar las unidades que se perdieron a la acción del gobierno, un edificio de departamentos de dos niveles fue construido en las espaldas de los veinte bungalós restantes, y a través de los años una dinámica única se estableció. Parecía haber un sistema de casta entre la gente del edificio y aquellos de los bungalós. Cuando me convertí en el gerente en sitio, la administración regularmente le decía animales a la gente viviendo en el edificio, y mucha de la gente en los edificios se refería a los bungalós como Beverly Hills. Era un fenómeno fascinante que despertó mi curiosidad y me entristecía a la misma vez. La realidad es que había algunos drogadictos, artistas, músicos y otros con estilos de vida no tradicionales. Creo que la droga de elección del actual gerente cuando me mudé era metanfetamina, y la heroína parecía ser popular para algunos, pero para cuando yo me convertí en gerente sólo quedaban algunos alcohólicos- algunos que durante mi permanencia se pusieron sobrios.

Sabía que esta tierra tenía secretos especiales. Al principio fui atraída a este lugar porque el terremoto había aplastado todo la autopista a sólo metros del edificio, y aun así no le había llegado ningún daño durante el sismo. Tengo a varios amigos viviendo ahí y ni uno de ellos tuvo cosas que se rompieran, ni siquiera un vidrio. Te digo, el lugar era místico.

Era un bajo lugar sumido en tanto de todo: alegría, odio, miedo, degradación, creatividad, amor, conflicto, acción, ira, y lucha. Era rico en todo lo que hacen que mi vida sea buena, mala, y sabrosa.

La segunda cosa que me tenía intrigada fue que las primeras tres veces que fui a visitar, pasé por el lugar y me equivoqué siguiendo de largo. Era casi invisible. Para hacer un cuento largo corto, inicialmente me mudé con un compañero de cuarto por nueve meses y después de casi un año después regresé por la duración de casi veinte años.

Para ese tiempo, los Departamentos Robertson ya tenían la reputación de ser el cielo del punk rock de Los Ángeles. *LA Weekly* había publicado una historia de las fiestas masivas, conciertos y uso de heroína -entre otras cosas- que sucedían ahí. Pintaba una imagen de drogos con agujas en sus bazos tendidos sobre el césped a lado de músicos borrachos, artistas de tatuajes, y amantes (especialistas en disciplina y esclavitud). Ciertamente, el gerente original (cuando yo me mudé) fue corrido por robo y reemplazado por una mujer que era una adicta de por vida de metadona y tenía a un ayudante que se la pasaba bajo el efecto de la heroína durante su gubernatura.

Para mí, mudarme a los Departamentos Robertson fue el comienzo real de yo usando mis habilidades en todos los niveles. Fue a unos pocos meses de mudarme ahí, que yo empecé a trabajar como psíquica profesionalmente. Lo considero parte del programa de entrenamiento de Dios para mí. Era un bajo lugar sumido en tanto de todo: alegría, odio, miedo, degradación, creatividad, amor, conflicto, acción, ira, y lucha. Era rico en todo lo que hacen que mi vida sea buena, mala, y sabrosa.

El Pacto del Sanador: Solo Puedes Servirle a Un Maestro

Conforme te embarques en este camino consciente de conciencia de sí mismo a través de la sanación de demonios, es importante entender que tu sexto sentido- intuición, empatía, habilidad psíquica, instinto, o como sea que lo llames por tu cuenta- está siendo activado. Todos estos descriptores que he mencionado tienen definiciones ligeramente distintas ya que son reconocidos a diferentes vibraciones, pero todos están relacionados, y todos los tenemos. Tu conciencia de ti mismo, otros, y tu entorno están siendo aumentados. Empiezas a ver las cosas en patrones, ya sea intelectualmente o emocionalmente, y empiezas a entender y ver cosas de otros que puede que no te hayan dicho directamente. El observador inteligente guardará su lengua.

Sin embargo, no es natural guardar esta inspiradora e instantáneamente adquirida información de manera callada mientras decides que es y la sabiduría que aporta -especialmente si eres una persona emocional. Entonces, es indispensable que no le digas cosas a los demás y que no les des a la gente información sobre ellos mismos que tal vez no quieran. La otra gran cosa aquí es que aunque la información que recibes de una manera intuitiva parece ser clara como agua y en tu mente parece ser pertinente a alguien en específico, debes recordar que toda la información que recibes es interpretada a través de tus filtros de experiencia y expresión. *Puede que no signifique para ellos, lo que significa para ti.*

El Alfa y el Omega

Espíritu ante el cuerpo

Todos viven es su propio universo, viviendo su verdad personal. Es a través de este conocimiento y experiencia personal que eventualmente te alinearás con el universo mayor y la verdad, que es la unicidad que nos conecta a todos con el Creador.

En el principio, estabas tú y donde iniciaste. Esa forma-pensada originó todo lo que eres, incluyendo la forma física que tienes hoy. Esta forma-pensada se puede presentar a ti como muchas cosas. Se puede mostrar como un guía espiritual, lo que otros dicen y piensan de ti, tus imágenes de vida pasada (registros Akáshicos), tus sueños o deseos, tus amantes y amigos, y tu karma sólo por nombrar algunos. Conforme empieces a abrirte a tu misterio interior, piezas y pedacitos se empezarán a unir como el rompecabezas que tú eres, y empezarán a tomar forma en tu mente y corazón.

Llegar a esta forma-pensada original puede ser tu propósito único o espiritual, con todo lo demás siendo secundario. Buscar profundamente a esta forma-pensada, este propósito, puede tomar toda una vida, o varias. Te lleva sobre un camino de construir cosas externas, usando esta esencia profunda dentro de ti, sólo para que te puedas reconocer del exterior. Mientras más profundo escarbes, más rica se hace la esencia, y lo más que te permite conectar y entender el mundo en el que vives.

> Nada es gratis, excepto la libertad de comandar lo que vas a pagar. Nunca pierdas, sólo ríndete.
>
> Nguvu Jabari

No soy una reina; Soy la líder del mundo libre

Cosas interesantes le pasan a la gente que piensa que otros tienen poder saber ellos de alguna forma. Yo había vivido de manera anónima en los Departamentos Robertson por casi seis años. No conocía a ningún alma, ya que me había mantenido a mí misma aislada de los demás inquilinos, rechazando de manera grosera las oportunidades de darme a conocer. El lugar estaba profundamente embrujado, algo en lo que tomaba comodidad callada.

Estaba en mi cuarto año de trabajar como espiritualista cuando el 9/11 ocurrió y sentí que las cosas en mi negocio se frenarían. Escuché a Ben de la empresa de administración decir que el gerente del edificio se había enfermado y necesitaba retirarse. Estaba sorprendida que él estaba afuera de mi departamento cuando lo dijo. Tomé la oportunidad para salir, presentarme, y di una pequeña presentación de porque debía ser el nuevo gerente y en hacer eso me convertí en parte de un nuevo legado espiritual para este pequeño, infame complejo de departamentos que era el nexo espiritual del barrio.

Todos los gerente desde al menos 1972 habían sido un drogadicto o alcohólico. Afortunadamente, ya estaba a una vida fuera de eso, pero no significa que no disfrutaba de la hora feliz en ocasiones. De hecho, yo empecé un martes por la noche con un grupo de inquilinos que llamamos el Grupo de Oración de la Hora Feliz. Hablábamos de temas espirituales, tomábamos vino y bocadillos, y al final visualizábamos nuestras oraciones por el mundo y la propiedad.

Las cosas empezaron a cambiar de manera rápida. Día uno, como la gerente en sitio de los Departamentos Robertson, me convertí en *El Hombre.* ¿Quién lo diría? A muchas de estas personas que aún no conocía, se dirigían a mí con resentimiento y desdén, sólo porque ya era la gerente. Los vecinos con los que compartía una pared y con los que no había tenido muchas interacciones, se estaban alistando para mudarse e hicieron una fiesta esa noche. Casi todo el complejo estaba invitado.

El susto hizo que perdiera el sueño como a la una de la mañana al escuchar gritos y golpes de la fiesta. En parte fue por los dos cuadros que se cayeron de mi pared lo que me hizo ver lo que realmente estaba del otro lado de la pared: un grupo de demonios alegres con ojos rojos. *¿Oh no, en qué me he metido?*

Muchos de los inquilinos aún luchaban con la adicción, pero también era un sitio donde la gente venía a encontrarse a sí mismos, ser creativos, y purgarse- una plataforma de impulso de algún tipo. Aprendí rápido que cuando la gente se iba de los Departamentos Robertson siempre se iban a cosas mejores y vidas mejores y a veces a un lugar mejor - sin importar si habían sido corridos, se habían ido por su propia cuenta, o Dios vio prudente llevárselos.

El Pacto del Sanador:
Solo Puedes Servirle a Un Maestro

Déjame reiterar de nuevo que este sitio tenía capas de décadas de energía espiritual- entidades de otras dimensiones, duelo, dolor, y creatividad- huellas llegando hasta los años de 1920. Aparentemente se había hecho un sitio de entrega espiritual a donde la gente venía específicamente por algo o para dejar algo atrás, físicamente y espiritualmente. Las décadas de almas perdidas, entidades perdidas, y capas de trauma adheridas a los edificios y la tierra. Nunca antes había alguien venido a limpiarlo.

Durante la siguiente década ese fue mi trabajo.

Para ese entonces, yo estaba pasando por un génesis personal. Había iniciado mi práctica de sanación, sirviendo a clientes de todo el mundo; por los primeros tres años, yo trabajé literalmente casi 24/7. Lo hice con mucha alegría pero encontré que había algunas desventajas. No dormía mucho, constantemente estaba bajo ataque espiritual, tenía muchísima ansiedad, y no me cuidaba tan bien como podía. Oh, y rara vez salía al público.

Estaba agotada, en duelo todo el tiempo, y mientras tenía algo de apoyo, yo no estaba rodeada de gente en quienes de ninguna forma tenía mis mejores intereses en mente. Realmente necesitaba ayuda. Todas las noches rezaba con Jesús y San Miguel para que reabrieran en mí la fuerza de dios. Estaba tan cansada.

El frío esa noche era intenso, así que me envolví fuerte en mi cobija de unicornio y lloré hasta quedarme dormida. En algún punto de la noche me di cuenta que me sentía caliente y segura. Un hombre había venido a mí-en espíritu, claro- pero se sentía sólido y real.

Él era un hombre que vivido en el inicio del tiempo, al menos un tiempo tan lejos y distante que no podía conceptualizarlo. Nguvu Jabari era su nombre. Tenía puesto un taparrabo de piel y tenía rastas larga crecidas a través de toda la vida, adornadas con huesos y perlas. Tenía lo que parecía ser filosos, dientes de madera, y en ese entonces no entendía realmente el significado de los dientes. Pero lo que si entendía es que este ser había peleado y ganado muchas batallas. Hasta sus cicatrices eran consoladoras. Nguvu me contó su sabiduría a mí por lo que quedaba de noche. Él me dijo como era vivir el camino del sanador y me enseñó a sentirme segura en la presencia del mal. Era varios pies más grande que yo y se acostó detrás de mí con sus músculos ricamente robustos consolando mi cuerpo, sus manos amarradas a mi alrededor tan fuerte que fui capaz de dormir en paz por la primera noche en meses.

Desde ese punto, empecé a entender que Nguvu Jabari siempre había estado presente en mi vida, apoyándome con su inmensa valentía, astuta conciencia, fuerza y capricho.

El sol salió sobre el horizonte, y por un pequeño momento desperté con el aún conmigo. Conforme el amanecer empujaba el día él desapareció, pero la paz y fuera que el trajo se quedó. Desde ese punto, empecé a entender que Nguvu Jabari siempre había estado presente en mi vida, apoyándome con su inmensa valentía, astuta conciencia, fuerza y capricho. Cada momento en el que se había alzado para guiarme regreso a mí: recuerdos de la infancia escapando de las artimañas de un depredador o lo intentos fallido de otros niños de molestarme, hasta mi vida en Nueva York y desasiéndome de mis atacantes con el alzar de mi dedo- en todas esas ocasiones que yo sabía y entendía la presencia y la fuerza de Dios pero me faltaba aún conocer a su emisario directamente. Esas eran las cosas que él me enseñó a mí.

La invitación

Invitaciones de un demonio llegan de todas formas, desde una manera directa, "Anda, entra," hasta "Oye tú estás enojado, yo estoy enojado, hay que ser enojados juntos". Es importante entender que a los demonios no les importa. Ellos viven y trabajan en una estructura militar utilizando el miedo y la intimidación para manipular cualquier situación. Los fuertes siempre llegan hasta arriba y tienen secuaces.

Todo demonio tiene una naturaleza, y es la naturaleza lo que es la tentación. La naturaleza da cada demonio se puede ver como una variación de uno o más de los siete pecados capitales inspirados por la Biblia: avaricia, orgullo, gula, ira, lujuria, pereza y envidia. Todos estos deseos terrestres se concretan de alguna forma con las emociones que sentimos como humanos, la culpa siendo la conexión constante. La tentación en si no es no es realmente el problema. El problema es cómo nos relacionamos a ella.

Un día, mi hermana me invitó a cenar. Aunque vivíamos en la misma ciudad no nos veíamos seguido. Siendo él bebé de la familia, siempre estaba emocionada de ser incluida. Cuando llegué a la estructura de estacionamiento de su departamento, me percaté de otro coche directamente detrás de mí. Era un tipo con pelo que caía más allá del hombro y pelo negro y quebrado. Creo que me llamó la atención porque cuando lo miré, vi un esqueleto- una ocurrencia no particularmente fuera de lo común para mí así que no lo pensé dos veces. Su edificio tenía gente única y no común y corriente: de trasvisteis a amantes hasta ejecutivo corporativos. Todos extraordinarios por su cuenta, sin embargo inusual.

Me estacioné y me salí del coche. Caminando hacia el hogar de mi hermana, me di cuenta que este hombre estaba siguiéndome. Había vivido en NYC así que estaba súper consciente de todo lo que ocurría en mi entorno, especialmente en los sitios de estacionamiento.

Debe ser un inquilino, pensé yo.

Lo saludé y caminamos hacia el departamento de mi hermana juntos.

Ammm, ella no dijo que invitaría a alguien más a cenar.

Su nombre era Bob, y cuando vi más de cerca, el marco de esqueleto de su cara parecía llenarse con piel pálida y gruesa y los círculos más oscuros que había visto bajo los ojos de cualquier persona.

El departamento de mi hermana era un cuarto grande con la recamara escuadrada con un barandal bajo de metal. La cocina, el comedor, y área de estar estaban marcados por sus muebles. Bob y yo nos sentamos en la mesa del comedor y rápidamente se nos sirvió una copa de vino. Mi hermana después permanecía con su espalda hacia nosotros en la barra de la cocina preparando lo que faltaba de la comida hasta que la cena se sirvió. Una cena, que de hecho, yo no recuerdo absolutamente.

> Después le expliqué a Bob que era su decisión, y que nadie lo podía ayudar hasta que estuviera listo para soltar y vivir de otra manera. Tenía que estar listo sufrir y arriesgar su miedo de estar solo, el entendió.

Bob y yo empezamos con él, *¿Y tú que haces?* Él estaba en la industria de la tecnología. Evidentemente mi reputación me precede porque mi hermana le había dicho que era una sanadora psíquica y que lo podía ayudar.

Okay, ahora ya todo tiene sentido. "¿Ayudarte con qué?" Le pregunté.

Y después él comenzó. "Hace casi cuatro años, quería saber si los demonios realmente existían. Así que pregunté si los demonios realmente existían, entonces que me lo mostraran. Que me dieran pruebas. Y una noche muy poco después, uno vino, No he dormido bien desde entonces."

"Wow", le respondí. "¿Ahora ya crees?"

"Sí."

"¿Estás listo de deshacerte de ellos?"

"Sí."

"Okay. Dile que quiero hablar con él. ¿Cuál es su nombre?"

Sólo para que quede claro, los demonios son mentirosos, estafadores, manipuladores, y engañosos. Eso es lo que hacen. Así que cuando le pregunté su nombre, me dijo algo, como Beelzebub. Por supuesto él no era Beelzebub así que intercambiamos algunas veces a ver cuál era su nombre y cuantos amigos estaban con él.

Tenía bastantes, cientos de hecho. (Los demonios se organizan en una estructura militar: generales, tenientes, etc.) Le pregunté porque estaba obsesionado con Bob.

"Porque él lo pidió."

Parece justo. Toma en cuenta que los demonios comúnmente son vulgares: ellos maldicen, llaman nombres, y acusan. Esta vez no era diferente. Él dijo alunas cosas vulgares, me llamo débil, y dijo que jamás se iría.

Oh, y mi hermana seguía cocinando, con mandil puesto y todo.

Le dije al "amigo" de Bob que su tiempo había acabado; él y su gente se tenían que ir. Le llamé a San Miguel el arcángel a nuestro círculo. Él es el santo de los guerreros, y nuestro círculo era la conexión que Bob y yo formamos para liberarlo de estos demonios.

Estaba parada detrás de Bob. Cuando se quitó su gorra se sintió avergonzado de su pelo reducido. Evidentemente había perdido la mayoría por el estrés de los últimos cuatro años. Puse mis manos en su cabeza y empecé a respirar y enfocar la luz a través de mis manos. La cara de Bob se tornó roja y las venas en su cuello estaban expandiéndose y sobresaliendo. La luz era abrumadora a través de mi cuerpo.

Fue sensacional.

Vi a cientos de ellos irse. Era como si estuvieran siendo regresados a la nave madre. Bob literalmente se sacudía de un lado a otro, retorciéndose incontrolablemente, e intentando agarrar el aire.

Dije su nombre, "Bob respira. Respira. Estás bien. Estás a salvo. Respira."

Inmediatamente él empezó a calmarse. Su respiración se hizo más profunda. El color rojo se drenó de su cara y su pulso se alentó.

¡Y Betty Crocker allá *aún* cocinaba y *no* tenía ni idea!

Quité mis manos de su cabeza y tomé mi asiento enfrente de él de nuevo. Le pregunté cómo se sentía.

"Triste," me dijo.

Le dije que era natural; no importaba lo mal que fuera la relación siempre la extrañas cuando ya no está- hasta que tienes tu duelo de la pérdida. El realmente se veía más ligero, pero algo seguía mal.

"¿Bob, *todos* se fueron?" le pegunte,

Él se rio. "No. ¿Cómo lo sabias?"

"¿Quién queda, Bob?"

"El General."

"¿Por qué sigue aquí?"

"Porque no quiero que se vaya," el admitió.

Después le expliqué a Bob que era su decisión, y que nadie lo podía ayudar hasta que estuviera listo para soltar y vivir de otra manera. Tenía que estar listo sufrir y arriesgar su miedo de estar solo. El entendió.

Mi hermana vino a la mesa con platos llenos de su arduo trabajo. Sé que cenamos, pero no recuerdo nada después de eso.

Jamás volví a ver a Bob.

La seducción

Primer los demonios ven a su presa ingenua. Se dan a conocer a través de espantos sutiles- un *whoosh* aquí o un golpe en la noche por ahí. Ellos van donde tú vas y ven y espera, buscando tus idiosincrasias y vulnerabilidades, cualquier cosa en tu vida que puede estar fuera de equilibrio.

Un martes por la brillosa mañana fui a hacer algunos mandados. Pase por el Big Lots por algo de arena para gatos y otras cosas. Solo había una caja abierta, y la mujer trabajaba diligentemente para atender a todos rápido. Era bastante impresionante. Era como la quinta en un línea de diez.

Ataras de mi había un hombre joven que parecía tener quince años. Me di cuenta de el porque la energía a su alrededor estaba fuerte y algo espantosa. Hizo que me parara recta y abriera los ojos en la parte trasera de mi cabeza. Era un niño con una cara dulce con una camisa de rayas y una pancita salida. Se estaba comprando almuerzo o botana, que consistía de bebidas de colores brillantes, algo de elote de botana, y unos Skittles.

Él estaba parado atrás de mí, sentí que de repente se agito y frustro con el ritmo de la cajera. Estaba bailando un pie hacia el otro conforme la presión aumentaba, y después volteo su mirada hacia mí.

En voz baja el niño me dijo en un bajo, espeluznante tono, "¿Entonces, tienes un coño?"

> Fue lo suficientemente fuerte para que otros escucharan, pero nadie parecía estar ahí. Toma en cuenta que estaba comprando arena para gato, pero eso no era a lo que se refería. Y, ya sabes, no estaba de ánimos para lidiar con todo eso, ese día.

Después realmente empezó. Ahora estaba nervioso y agitado y se volvió ruidoso, maldiciendo al cajero por no ser más rápida, y de nuevo volteo su agresión hacia mí. Honestamente, no recuerdo lo que dijo solo que era de índole sexual.

¿Recuerdas las otras diez personas en fila? Ahora eran veinte. Aún no habían abierto más filas.

Me gire hacia el joven y su amigo y prácticamente grite. "¡Dije que no! ¡Regresa de dónde vienes!"

A pesar de hablar en un tono de voz extremadamente fuerte y firme, ni una persona más me escucho, solo la cajera. Ella parecía estar completamente consciente de lo que pasaba y me dio una pequeña sonrisa y asintió con su cabeza como diciendo, *Gracias.*

Para este punto el niño se calmó y se volvió callado. Cuando pague mis cosas, él dijo, "Te veré a *ti* afuera," y sonrió.

Agarre mis cosas inmediatamente y caminando hacia el coche, que estaba cerca, llama hacia San Miguel para que entregara a este joven hombre de su amigo. Solo para que lo sepas, mi adrenalina estaba bombeando y tenía sensaciones por mi columna. Cuando estaba cargando mi vehículo, el joven salió de la tienda y vea al alrededor con una cara vacía, como si se preguntara que hacía. Abrió el empaque de elote de botana y se fue caminado.

Es gracioso: esta ubicación en particular parece ser parada para los bajos y permanentes. Se siente triste ahí dentro para mí. Creo que es uno de esos lugares donde la gente va a descargar sus elencos espirituales.

> Recuerda que es el espíritu del pecado-lujuria, avaricia, envidia, etc.- eso inspira a alguien a que tome acción, pero ellos toman tal acción porque no saben una mejor alternativa, tienen emociones similares, o carecen de auto conciencia.

¿Cualquiera es vulnerable?

Un demonio solo tendrá el poder que su humano anfitrión les dé y puede ser disminuido o eliminado en cualquier punto. Ellos rigen el reino de la influencia, lo cual es su único poder; ellos nunca pueden controlar. El joven en la fila probablemente era vulnerable por muchas razones: u falta de paciencia y auto conciencia; sus tendencias agresivas y confusión sexual; y un sentimiento general de impotencia- la inhabilidad de hacer que su mundo funcionara como él quisiera.

¿Todo aquello que tiene esos sentimientos es vulnerable a interferencia demoniaca? *Sí, todos son vulnerables.* Pero no todos viven estas cosas de esta manera. Realmente solo son unos cuantos los que cargan con este peso de esta forma. Aunque creo que comúnmente se confunde con mal comportamiento.

Recuerda que es el espíritu del pecado-lujuria, avaricia, envidia, etc.- eso inspira a alguien a que tome acción, pero ellos toman tal acción porque no saben una mejor alternativa, tienen emociones similares, o carecen de auto conciencia. Tales personas no se conocen a sí mismos, su corazón, sus deseos, o su poder así que se alinean con o escogen el remedio inferior.

El poder

Los demonios ofrecen poder, es por esto que la gente los acepta. He hecho múltiples sanaciones con gente que fue abusada de niños, abandonada, violada, o tocada y en su tiempo de dolor y carencia pidieron ayuda o lloraron en solitud. Ellos se convirtieron enérgicamente susceptibles a las voluntades de los bichos amistosos y protectivos que les prometieron ayuda, fuerza, valentía, protección y seguridad. Y seguido lo proporcionan… hasta que ya no lo hacen.

Los demonios tienen presencia completamente diferente con cualquier mal sentimiento o sensación de poder. Nunca puedes estar completamente cómoda en su presencia, y aunque si presencia puede traer u n sentimiento de protección o fuerza, ellos no son capaces de ofrecer paz o comodidad. Puedes percibir que su influencia en alguien es diferente a que si solo estuviera deprimido, con dolor, o enojado. La influencia demoniaca tiene una calidad supernatural que normalmente incluye a la persona actuando fuera de su normal, marco racional de comportamiento como cuando una persona confundida de repente se convierte extremadamente clara, una persona amable se vuelve maliciosa, o una persona feliz se vuelve triste instantáneamente sin razón.

> Así que si pudieras saber cuatro cosas, debes saber lo siguiente: Tú tienes todo lo que necesitas en cualquier tiempo. Siempre tienes el poder de la decisión. Siempre tienes ayuda angélica. Siempre tendrás toda la información que necesitaras exactamente cuándo lo necesites, si prestas atención.

Debería ir sin decir

Solo diré esto para ser clara: mientras los demonios y bichos estén desenfrenados, de ninguna forma, manera o modo toman el lugar de, o excusan, mal comportamiento o afectan a todos. No todos serán afectados por el paradigma de bien y mal. Lo que nosotros llamamos *maldad* toma munchas encarnaciones para que un alma cultive. No es regular.

Los seres humanos no son malos. Pueden ser necios, delirantes, o vacantes y pueden ser poseídos por demonios que son malos. La energía y fuerza de algo malo toman mucha energía física para mantener, así que no te preocupes; muy poca gente está en riesgo de este tipo de posesión o influencia. Creo que este es un ejemplo de posesión demoniaca o influencia. Toma a Hitler: yo creo que este es un ejemplo de posesión demoniaca. Hitler no era malo, él era vacante. Lo que lo volvió susceptible al mal fue su pensamiento en sí mismo y traumas que se juntaron con su sentido de justicia e ignorancia. Probablemente sufría de todos los pecados mortales.

Muchas veces el suicidio le llega a una persona demoniacamente poseída. Desde le perspectiva del demonio, realmente no le importa ni tiene alguna preocupación por su impacto sobre el cuerpo físico. Se mueve de una persona a otra y no tiene consideración por la vida. Algunos demonios pueden perpetuar una fuerza tan densa de apatía que requieren de ayuda externa para que la persona lo venza.

La derrota

Mientras que no todos serán atacados o poseídos por un demonio, casi todos cruzaran caminos con uno en su vida. Hoy, con todos los cambios en el planeta y los cambios magnéticos que estamos experimentando, el resultado natural es traer lo más bajo en nosotros para curación en todo nivel. Así que si pudieras saber cuatro cosas, debes saber lo siguiente: Tú tienes todo lo que necesitas en cualquier tiempo. Siempre tienes el poder de la decisión. Siempre tienes ayuda angélica. Siempre tendrás toda la información que necesitaras exactamente cuándo lo necesites, si prestas atención.

Conócete a Ti Mismo, Se Protegido

Todo empieza contigo

Ser consiente de sí mismo es lo más importante. La habilidad de discernir tu opiniones y sentimientos de aquellos a tu alrededor, estar claro sobre tu propia integridad, y tener un compás moral y social te ayudaran a anclarte en compasión y amor cuando se trate de lidiar con bichos de otro mundo. Este es un pasaje viejo, *Si usted está parado por nada, caerá ante cualquiera.* Hoy tenemos permiso de asistir en la curación del planeta y sus habitantes, inclusive aquellos sin cuerpos. Con *permiso* me refiero a soporte universal.

Los cambios magnéticos en el planeta ya no mantienen ciertas vibraciones mentales bajas o densas o construcciones emocionales. Toma la codicia como ejemplo. La codicia es producto de una falta de. Cuando la gente le teme a no tener no suficiente, ellos tienden a guardar, acumular, robar, engañar, manipular y cualquier otro número de cosas. Así que es importante ser honesto con ti mismo al igual que a tus propias tendencias. Si eres un acaparador, entonces eventualmente debes purgar, y cualquier pensamiento, sentimiento, creencia, o entidad que te motive a no purgar esta trabajando en tu contra y debes ser elevada.

Los demonios no se elevan necesariamente. Ellos evolucionan, pero no se elevan. Los demonios son energía, y al energía no se va; cambia de forma. Los demonios son ligeros, y con ayuda angélica, pueden ser transformados en otra energía con luz y perdón. Como sanador de demonio tu primera arma a elegir es tu sentido del humor. Es muy importante aprender a no tomarte a ti o a otros muy enserio. Créelo o no, esta es una habilidad que puede ser cultivada. Los demonios atacan cualquier vulnerabilidad que tengas, y las vulnerabilidades más fáciles de atacar son aquellas creencias y definiciones que puedas tener de ti mismo, quien eres, y tu valor.

La risa realmente es la mejor medicina

La investigación del bienestar ha demostrado que la risa aumenta hormonas como beta-endorfinas, las cuales elevan el ánimo, y la hormona de crecimiento humano, lo que ayuda a aumentar la inmunidad. Una fuerte risa de panza también puede bajar hormonas dañinas de estrés como cortisol, lo que desata un aumento de grasa de estómago, y adrenalina, lo cual puede debilitar el sistema inmune cuando se mantiene elevado. Una buena risa también ha demostrado el colesterol malo al igual que aumentar colesterol bueno.

La risa también puede bajar tu presión sanguínea. Energéticamente, el corazón se abre o se expande cuando nos reímos y permite que todos los demás centros de energía (*chakras*) liberen energías más densas y se alinean con las frecuencias más altas que entran al cuerpo. La risa no significa que todo esté bien; solo significa que todo está como es y vas a jalar hacia ti una forma de resolverlo. Para cuando nos convertimos en adultos, hemos aprendido a censurar nuestro humor por el respeto de una terrible situación o por la sensibilidad de otros. A veces vemos la risa como algo que lastima a otros. No me entiendas mal. Definitivamente hay gente allá afuera que utilizarían a la risa para promover una lucha de poder o para implicar humillación, ¿Pero entonces no son la nalga del chiste? Ser un poco irreverente nos permite despegarnos de la percepción actual que tenemos sobre nuestra transición y su impacto en nosotros, mientras también permitiéndonos apartar cualquier miedo que podemos tener sobre la situación actual y transición.

> SOLO SON LOS MAS SABIOS Y MAS ESTÚPIDOS LOS QUE NO CAMBIAN
>
> CONFUCIUS

¿Qué es separación?

Separación es la experiencia de soltar una idea preconcebida y crear algo para ponerlo en su lugar. Cuando vives separación el cerebro está creando nuevos circuitos cerebrales y fortaleciendo o debilitando circuitos existentes. Nuestros circuitos neuronales básicamente nos dicen cómo vivimos la vida basado en lo que hemos vivido antes. Así que para cambiar tu mente, debes cambiar como tu cerebro te dice que vivas algo nuevo. Cada pensamiento que tenemos apoya la idea de la creación de algo nuevo y debilita una idea preconcebida. Toda risa estimula y promueve este proceso.

La risa alegre

Debes ser completamente honesto con ti mismo sobre la situación en cuestión. Esto incluye tomar en cuenta las perspectivas de otras personas y compararlas con la situación presente. La risa alegre se centra en la cabeza y garganta y expande el chakra de la garganta, permitiendo un mejor flujo de comunicación.

La carcajada

La aceptación de la realidad actual te permite se empoderado en ella y hacer los cambios necesarios. La carcajada se centra en la panza, expanda el segundo y tercer chakra, y tú ayudaran a liberar tu miedo de no ser capaz de controlar la situación, permitiéndote encontrar una posición de moderación en ella.

La risita

El perdón de la situación te permite separarte de la realidad y apoyo tu conciencia para crear algo nuevo y mejor en su lugar. La risita está centrada en el corazón, el sitio en el cuerpo físico donde creamos hormonas de paz y el centro de energía donde nos juntamos con nuestro ser más alto. La risita abre el corazón, permitiendo que un flujo de energía descanse en el sistema.

UNO DEBE APRENDER A PERDONAR Y NO PERMANECER HOSTIL, ACTITUDES AMARGAS DE LA MENTE QUE OFENDE A LOS QUE NOS RODEAN Y EVITA QUE DISFRUTEMOS DE NOSOTROS; UNO DEBE RECONOCER LAS CARENCIAS HUANAS Y AJUSTARSE A SI MISMO A ELLAS EN LUGAR DE CONSTANTEENTE ENCONTRAR FALLA EN ELLAS.

NAPOLEON BONAPARTE

El Ritual del Sanador

Hacer lo máximo con tu humor

Aunque no esté en posición de tomar las cosas como graciosas, o aunque este rodeada de muchos costales tristes no quiere ofender, ahora es el tiempo de tomar mando de la comedia. La investigación reporta los hallazgos patéticos que los niños se ríen de trescientas a cuatrocientas veces al día contra los adultos que solo se reían alrededor de quince. Probablemente solo algunos de ellos son risas de verdad mientras los demás son sonrisas mientras estas sentada en tu soledad callada pensado a ti misma, *Eso es gracioso.*

Todos sabes que nuestras repuestas sigue nuestros pensamientos, nuestros pensamientos siguen nuestras emociones, y nuestras emociones siguen nuestro espíritu. Creado una ligera desviación en perspectiva en cualquiera de estos niveles creara un cambio en todos ellos.

Contesta estas cinco preguntas

- ¿En qué piensas la mayor parte del tiempo?
- ¿Por qué piensas en ello tan seguido?
- ¿Qué sentimientos son provocados cuando piensas en ello?
- ¿Dónde lo sientes en tu cuerpo físico?
- ¿Tu gustaría un cambio en perspectiva de este tema?

Ahora, que tienes una conexión a tus pensamientos y su impacto. Es hora de hacer algo sobre ello. Por los próximos siete días, haz tu propia investigación. Encuentra y ve algo gracioso cinco veces al día, empezando a primera hora en la mañana a la hora del desayuno y terminando justo antes de acostarte. Hoy, con la tecnología como esta, tenemos acceso a tanto tan fácil. Mantén un diario, y al final de cada día documenta como el humor adicional te impacto.

El Altar del Sanador:
Entendiendo el Impacto

El impacto mental y emocional de crear un altar

Siempre, cuando se crea un espacio sagrado en tu hogar, hay algún tipo de impacto. Obtendrás lo que quieres, así que es importante entender completamente lo que significa. Si buscas paz en tu vida, tiene que dejar ir emociones que no permiten lugar para la paz, lo que tal vez signifique sentir duelo o tristeza por algún tiempo. O, si estás buscando un nuevo empleo o bajar de peso, la situación puede que no tenga que ver con las rosquillas pero con otras, menos cómodas cosas en las que debes pensar. De cualquier forma hay un intercambio: dejar ir una cosa para crear lugar para otra.

Toma tiempo para sentarte y respirar profundo y contemplar lo que Nguvu Jabari es para ti. Permite que una cosa que te gustaría desaparecer para mejorar tu vida y hacerla más pacifica llegue a tu mente. Escribe tu respuesta en un pedazo de papel. Ahora limpia y haz un espacio para el altar sagrado. En la parte trasera del papel escribe la afirmación de abajo.

- Estoy a salvo, perderos y consciente. La fuerza del Creador está conmigo a toda hora.

Lo que necesitaras

- Una vela blanca y un plato de tabaco, maíz o agua como ofrenda de gratitud.

PARTE 2
Respira Profundo

Los demonios pueden desaparecer tan pronto como ellos aparecen

Las Armas Del Sanador:

Fé, Adoración, Híper-Vigilancia,
No Juzgar, Compasión Implacable,
La Verdad

La Historia de Curandera Negra: La Verdad Crea Libertad

El grueso aroma del jazmín floreciente de noche y de gardenia de día hacia que pareciera como un lugar placentero para encontrarse, pero siembre había algo más detectable en el aire, una especie de duelo. Los cucuves cantaban continuamente su canción, excepto por tal vez una horas en la tarde, realmente el único momento para tomarse una siesta en paz. Lo que algún vez eran pequeños cuarteles de esclavos cubiertos por colinas ahora eran la casa de Curandera Negra, una liberada, negra sanadora de lo que ahora es Haití.

Ella nació como Marie Dessalines y había renunciado a casi todo a excepción de su historia algún tiempo antes de la revolución en ese país. Ella entró clandestinamente a Luisiana en la noche y ahora sólo tenía su reputación para revelarla como bruja para algunos y como curadora para otros, pero absolutamente poderoso a todos. De plano asustaba a la gente.

En las faldas de Nuevo Orleans, en una plantación al lado del Mississippi, había una pequeña cabaña profunda en la tierra donde los arbustos y árboles eran gruesos, con un pequeño río que corría a través de él. La cabaña casi había sido olvidada. La última vez que fue habitada fue algo de tiempo después de que los esclavos habían sido liberados- liberados pero no necesariamente libres.

Nadie jamás se acercaba a la curandera al menos que debieran hacerlo. Era una mujer formidable parada a seis pies de altura y jactándose de una figura robusta. Tenía su pelo como ella quería, creciendo libremente en un afro moderadamente corto. Su estilo pretendía parecerse a los demás: un vestido floreado y zapatos de trabajo cómodos aunque frecuentemente la podías ver en la colina al amanecer y atardecer usando un vestido ceremonial negro de terciopelo.

Nadie sabía de su herencia, y ella pensó que era mejor de esa forma. A ella le había sido enseñado dos cosas: cómo esconder quién eres y cómo ver la verdad. Nunca puedes esconder quien eres a alguien que está dispuesto a ver la verdad.

La gente que la necesitaba venía de millas de distancia de todos lados y la mantenían en abundancia, trayéndole comida y bienes de casa. Todo lo demás ella era capaz de tomarlo de la tierra y el ambiente. Ella hacia medicinas de raíces e hierbas y detectaba aflicciones del espíritu, pero más que todo era el impacto de sus palabras. Cuando la curandera te hablaba, cosas sucedían. Eso es lo que más asustaba a la gente, al menos aquellos que la podían ver. Ella era el secreto mejor guardado de la región.

Ahora era el equinoccio vernal, otra primavera se acercaba, el tiempo más ocupado para la curandera. La primavera siempre traía con ella la confusión de las personas. Y el verano… bueno, realmente traía la ira. En el verano, lo que sea que los estuviera afligiendo parecía flotar a la superficie, una larga, continua luna de cierto parecer.

La curandera se sentaba en el patio de su cabaña sobre esta hermosa completamente hecha, silla mecedora de madera que hacía que hasta ella se sintiera pequeña y a salvo. Ella se sentaba ahí por horas mesándose hacia los hoyos muy, muy profundos de su mundo espiritual que le permitían acceso a la sabiduría de la épocas. La silla es donde tendría muchas de sus visiones, viendo hacia la naturaleza de las cosas.

En este día, ella presenció una escena en un lugar donde ella no había estado antes. Sólo los árboles parecían familiares. Era una ciudad urbana donde las calles parecían ser duras, planas y grises, cubiertas en ciertos lugares con negro brilloso. A cada lado de la calle había camellones para caminar hechos de piedra mate, lisa. Parada sobre uno de esos camellones ella vio a dos niños y una niña. Ellos estaban parados en la encrucijada, donde habían tres caminos posibles. En su visión, la curandera vio que la niña traía puesta una falda muy corta y pegada; una blusa de algodón blanca; calcetines largos y rayados que se quedaban hasta arriba de sus rodillas; y un par de botas de trabajo. Los dos niños, cada uno alrededor de la edad de quince, traían puestos largos, pantalones negros que se ajustaban alrededor del tobillo, Todos tenían piel rica color oliva y el mismo estilo de pelo largo. La curandera lo encontró interesante.

> Ella nació en Haití y a ella le había sido enseñado dos cosas: cómo esconder quién eres y cómo ver la verdad. Nunca puedes esconder quien eres a alguien que está dispuesto a ver la verdad.

Conforme viajaba más profundamente dentro de la naturaleza de las cosas, el ojo de su mente caía gentilmente en un lugar justo arriba de su corazón. Mientras más profundo respiraba, más ese lugar en su corazón comenzaba a expandirse. El calor empezó a engendrar enfoque y claridad. Después toda esa energía se movió a sus ojos y se convirtieron en rayos de luz y la naturaleza de las cosas se convirtió obvia. Se volvió en una película en su mente.

Mientras veía a los tres jóvenes, ella vio la dirección había donde iban y sabía que de continuar ese camino en esa dirección los llevaría a la oscuridad. Sobre ese camino habían tres hombres jóvenes todos vestidos en camisas de algodón blanco y pantalones hechos de tela azul, colgante. Ella pensó que eso era interesante también. No era lo que traían puesto lo que importaba, era lo que ella vio en sus caras y pegado a sus cuerpos. Estaban fumando y bebiendo alcohol, pero ella jamás había visto lo que estaban fumando antes. Le sacaba algo cruel y malo a estos niños, algo que ella había visto ciento de veces antes. Su fuerza le dio escalofríos. La curandera rápido entendió que si los niños y la niña continuaban en esa dirección, la niña sería violada por los tres hombres, y uno de los niños perdería su vida intentando defenderla.

Curandera Negra buscó otro camino. Si el niño que sería asesinado dejaba sus amigos y caminaba hacia el oeste, entonces él viviría, pero la niña aun sería violada y el otro niño moriría. Si todos caminaban hacia el oeste, el resultado sería similar al del primer camino. Si todos caminaban hacia el este, entonces sería un evento ligeramente diferente. El primer niño seria golpeado por un gran, vehículo azul, y dentro de treinta días la niña seria violada por el mismo grupo de jóvenes adultos.

La curandera estaba cansada. Su respiración se alentó y por un momento se volvió laboroso. Ella había conversado con Dios de esto antes. ¿Cuál es el punto? ¿Por qué ella tenía que ver todo esto cuando no podía hacer nada?

Dios contesto, "Valentía."

La luz de los ojos de la curandera llenó todo su cuerpo. Tomó una larga, profunda respiración y sopló los vientos de la valentía directo hacia los corazones de los jóvenes, y un cuarto camino se abrió. En ese momento, parecía que el tiempo se había detenido. Aun podía oler la dulzura sutil de la gardenias y sentir la luz bajándose en el cielo. Los jóvenes parecían congelados en su mente por lo que parecía ser horas, hasta que la niña suspiró con una completa exhalación.

"Tengo tarea que hacer; ustedes chicos no tienen que acompañarme a mi casa."

"¿Estas segura?" ambos preguntaron.

"Definitivamente."

"¡Oye!" gritó uno de los niños. "¿Esos no son Jaden y Mike en ese coche?"

"Vayan a atraparlos," ella dijo. "Los veo después"

La Curandera abrió sus ojos y exhaló, detuvo su corazón, y lloró por la niña, preguntando de nuevo. "¿Cuál es el sentido de esto?"

El Creador contestó, "El cargar el bulto de la inacción es peor que cualquier acción equivocada que tomes. Esta joven mujercita no puede vivir con el peso de las consecuencias que enfrentaría de compartir su destino con otros. Le has dado la valentía para ver eso. Ella es quien tu eres, Marie; tú has salvado tu propia alma."

La curandera tomó un último respiro y conforme exhaló ella regreso al patio y su silla favorita de mecer. Con un suspiro, ella pensó, *Se está haciendo la hora de comer, y la gallina no se va atrapar sola.*

EL CAMBIO DE CUERPOS A LUZ, Y LUZ A CUERPOS, ES MUY CÓMODA PARA EL CAMINO DE LA NATURALEZA, LA CUAL PARECE FELIZ CON LAS TRANSFORMACIONES.

ISAAC NEWTON

Demonios y la Maldición Familiar

Hay una conexión entre la gente y los demonios. A través de la historia, los seres humanos han evolucionado, al igual que los demonios, y en los tiempos profundos de turbulencia la gente se ha intentado proteger llamando demonios y otras entidades para que hagan su voluntad y peleen sus batallas.

Todos los rumores que has escuchado son ciertos: la gente si invoca demonios y los mandan a hacer caos sobre otros. La gente sí manda malas energías e intenciones, raíces para mantenerte en un patrón negativo. Sí, las maldiciones familiares existen. Las maldiciones y otras cosas similares tienen la misma cosa en común: son formas de energía mandadas para enseñar una lección, no importa quién lo inicio o por qué. Llamamos a esto *constructo energético* y puede ser intencional o no intencional.

Una maldición familiar es un límite intencionado a ser realizado por generaciones presentes y futuras. Digamos que tu tío es maldecido por alguien a quien le hizo mal. Y durante el trayecto de su vida, no hace cambios en sí mismo o recibe el mensaje intencionado. La maldición se quedará con su alma y será transmitida a generaciones más jóvenes de su familia hasta que pueda ser reconciliada.

¿Recuerdas en *The Color Purple,* cuando Celie (actuada por Whoopi Goldberg) apunta tres dedos a su divisivo, abusivo esposo y dice "hasta que haga bien por mí, todo en lo que pienses se derrumbará"?

De hecho, lo hace.

Ahora, es fácil entender como gente, cuando están en una posición sin poder, buscarán propagar su poder y fuerza en los reinos no vistos y a veces llamarán a los amos de esos reinos por ayuda. Hace perfecto sentido, a través de la historia, especialmente en tiempos de grandes faltas y degradación. Lo importante es que no porque alguien te lo arroje a ti lo tienes que atrapar.

Para que una maldición tenga cualquier efecto, *tu aún tienes que atraparla.*

La gente que hace cosas malas han estado cultivando su inhabilidad para empatizar con otros y justifican su deseo de lastimar, ya sea que la herida sea espiritual, mental, emocional, o física. Seguido esta gente es apoyada por, o vulnerable a, reinos demoniacos cuando están en un estado de entumecimiento.

Cuando entiendes la naturaleza de la energía que se está enfocando en ti, o donde la energía origina, entonces te vuelves clara en cuanto a tu dinámica interna que te está permitiendo conectar con la maldición.

Tu problema nunca es la persona maldiciendo, tu problema es liberar la maldición en sí misma. Hacer batalla con el mensajero sólo te convierte más impotente de lo que ya te sientes. Tu disposición de ver hacia lo que es la energía y cómo se conecta contigo es la única forma verdadera de salida.

Tú eres el centro de poder.

Está en nosotros usar y portar a nuestra discreción: no nos controla, nosotros lo controlamos. Es importante recordar quien está a cargo: tú lo estas... siempre.

El Camino del Sanador: Hipervigilancia es el Nuevo Negro

Una persona que ha sido abusada de cualquier forma abre un camino de telepatía con su abusador. La persona aprende a sentir y presenciar los signos que esperan los mantendrán a salvo y advertirán un ataque esperado. Se vuelven consientes de pequeñas expresiones faciales, llamadas micro expresiones, que han visto cuando su abusador empieza a escalar el camino de la agresión.

Es de la misma forma para el reino espiritual. Puedes adquirir una sutil consciencia cuando hay algo energéticamente denso, malo, o malvado presente. A veces la gente experimenta olores o cambios en la temperatura o un sentido de pavor y ansiedad en su panza cuando una criatura está presente, y ellos relacionarán todas estas cosas a su abusador porque la gente abusiva comúnmente son influenciadas por, o vulnerable a, demonios y otra criaturas.

Hay tres temas pasando por mi mente ahorita: la hipervigilancia, el uso de lenguaje para levantar drama (juicio) y apoyar ese hipervigilancia, y vivir en una ilusión y el poder y la densidad del odio.

El Camino del Sanador:
Hipervigilancia es el Nuevo Negro

Mucha gente me ha preguntado cómo lidiar con el constante ataque de terrorismo y el miedo que busca promover. La respuesta es que el miedo es una herramienta que nos hace consistentemente más conscientes de nosotros mismo, otros, y nuestro alrededor para poder sobrevivir. Es nuestro para usar y portar a nuestra discreción. No nos controla; nosotros lo controlamos. Es importante recordar quien está a cargo: tú lo estás-siempre.

En el principio, el miedo nació para ser nuestro guardaespaldas personal, para salvarnos de las ocurrencias de destrucción a cualquier nivel. Hoy ha evolucionado para ser nuestro sistema personal de alarma alertándonos de cualquier posibilidad de cambio. Como sientes el miedo te da una indicación sobre qué nivel de energía-física, etérica, emocional, mental, o espiritual- estás siendo amenazada; es decir, hay un agente de destrucción que comienza a infiltrarte a algún nivel que es reconocido por el miedo. Ser un agente de destrucción no significa que algo es malo o que puede, o, te destruirá, significa que se está oponiendo a tu filosofía actual o ideales, o que creará algún cambio posiblemente irrevocable. Sentimos gran miedo en tiempos de cambio irrevocable, sin importar si es para bien o para mal.

> Es importante entender que una persona bajo la influencia de fuerzas de otro mundo necesita tu apoyo y fuerza para vencerlas, no tu ataque.

El Pacto del Sanador: Nunca Vayas en Búsqueda de una Pelea

Un sanador nunca va en búsqueda de una pelea, porque sabe que intrínsecamente la vida puede ser una inmensa lucha para algunos. Tu habilidad de demostrar compasión por otros estando exactamente donde están es una habilidad que requiere de tiempo y practica para desarrollar. Es importante entender que una persona bajo la influencia de fuerzas de otro mundo necesita tu apoyo y fuerza para vencerlas, no tu ataque, lo cual sólo disminuirá su habilidad para pelear la batalla espiritual en la que están.

Entiendo que es fácil sentirse tomado sin aviso o asustado cuando alguien que conoces o con quien te cruzas está afligido, pero de ninguna forma es excusa para una respuesta enojada o asustada. Es imperativo aprender a distinguir entre la criatura y el alma humana bajo ataque.

El Pacto del Sanador:

Nunca Vayas en Búsqueda de una Pelea

Hace muchos años, ya que era extremadamente empática y abierta a la conexión emocional con todo, era un objetivo energético fácil, ya sea para demonios o humanos. Estaba en una relación con un hombre quien yo creía estaba bajo ataque de su relación previa. El, su hijo y yo teníamos lazos kármicos profundos. Yo creo que la verdadera razón de ser de nuestra relación era para que yo pudiera conocer a su hijo, sólo una vez.

Los últimos meses de la relación fueron difíciles ya que estaba segura que los ataques habían empezado. Nos habíamos estado llevando fabulosamente bien en nuestras conversaciones por teléfono, pero cuando lo veía en persona, inmediatamente me sentía molesta llorosa, y él estaría lleno de enojo y odio. El minuto que nuestros ojos se encontraban el conflicto iniciaba. Aún puedo recordar la mirada en su cara y en sus ojos: unos de completo odio para lo cual no había razón lógica.

> El cargar el peso de la inacción es pero que cualquier acción tomada.
>
> Marie Dessalines

De nuevo, mi vulnerabilidad era mi capacidad para la emoción. Sentiría inmediatamente el cambio de alegría a duelo inmenso y miedo. Mi novio realmente no entendió el cambio dramático de mi comportamiento, ni estaba consciente de la energía que venía de él. Quiero reiterar aquí que lo que el exudaba y lo que yo sentía y como yo me sentía no era algo racional o conectado a cualquiera situación del mundo real que tuviéramos, pero nuestra interacción generó un poder fuerte y abrumador. La intención de otra persona había agregado una adicional, fuerza negativa a nuestra relación y no era alguien a quien yo conociera.

Durante ese tiempo yo tenía un amigo con quien compartía estas cosas, ella era la única que conocía que lo entendía. Incapaz de recuperarme del estrés emocional en el que estaba, la llamé. Un hombre cercano a ella contesto el teléfono. Estaba en un punto increíblemente bajo de desesperación y simplemente no me podía salir de esto. Cuando él escucho mi voz pidiendo hablar con ella él empezó a maldecirme violentamente, gritando y exigiendo que lo dejara a él y a su familia en paz. Sus gritos continuaron por lo que yo sentí fueron varios minutos. No estoy segura de como terminó esa llamada.

Lo único que recuerdo es haber colgado el teléfono y estar en una posición aún más derrumbada que como había empezado. En mi estado bajo, me tardó varios días recuperarme de su reacción a mí, para regresar a tratar con el verdadero asunto pendiente. No es fuera de lo común que una persona que es afligida de alguna forma sea influenciada fácilmente por la energía que es su propio gatillo. En este caso, el mío era duelo y el suyo era enojo. Esa fue la información más valiosa cultivada de esta experiencia. Tener auto-consciencia y aprender a no hacer más daño es la herramienta más grande de un sanador.

Es posible que el afligido o el sanador se pongan límites con el espíritu demoniaco y fortalecer al alma bajo ataque. Para hacer eso, uno debe desmitificar el entendimiento arcaico de ciertos conceptos espirituales.

> Sufrimos más por las cosas de las que tenemos menos consciencia.

Brujería

La definición de *brujería* es la acción de comandar el poder de malos espíritus para varios usos, como por ejemplo adivinar el futuro. La definición es de los años 1400, hoy, brujería tiene un significado completamente diferente.

Es cierto que demonios y otras criaturas de otro mundo frecuentemente tienen visión, pero su visión no es diferente a nuestra habilidad para ser claro-audiente, clarividente, o claro-sentiente. Esta es la razón por la cual los reinos psíquicos tienen tan mala reputación y porque tanto experimentan esas dimensiones de energía como peligrosas: los demonios y otras criaturas simplemente tiene habilidades que muchos de nosotros no hemos desarrollado.

Hay una escena muy graciosa en la película, *The Devil's Advocate* donde el Diablo confronta un joven matón en un tren del metro cuando está apunto de asaltar a alguien. El Diablo le habla en español y le dice que su esposa está teniendo sexo con su vecino. Esto para al sujeto en su acción, mientras reconoce la verdad en todo esto. El asaltante, viéndose alterado, inmediatamente se sale del vagón.

Es un malentendido común que una vez que te abres a los reinos espirituales puede irrevocablemente ser metido a uno de ellos. La verdad es que finalmente, en un nivel espiritual, tu escoges a dónde vas y qué haces -como el matón en el metro- y es raro que una persona escoja ese camino atorado de por vida. Aunque los vemos en nuestros sanatorios e instalaciones mentales, nos es una comparación común a cuantas personas se abren conscientemente e inconscientemente a estos reinos cada día y se mantienen a salvos e intactos. También, considera lo que puede ser ganado de tal viaje espiritual.

La idea de brujería se origina del centro emocional energético del cuerpo, el cual contiene la segunda chakra y gobierna a los genitales, los cuales son el asiento de todas las ilusiones, deseos y fuerza creativas fuertes. La frecuencia de esta región corporal canaliza las fuerzas de la creatividad e inspiración del ser más alto a manifestaciones físicas a través de las emociones.

Como parte del proceso creativo, las emociones nos ayudan a imaginar consecuencias a través de los sentimientos. Un arquitecto se imagina un edificio y como parte del proceso creativo decide cómo se debe ver en relación a donde va ir y para qué va a ser usado. Este o no consiente el arquitecto de ello, esta imaginación y sentimiento son una parte natural del proceso.

El segundo chakra también es el sitio de adicción. El comportamiento adictivo sucede cuando hay un giro continuo de la misma idea siendo generada una y otra vez con la ilusión de que está cambiando. Cuando tus emociones por si mismas generan una idea y se mantiene estancada o en la misma condición de cuando fue creada. Finalmente, es necesario que todas la emociones serán iluminadas por la frecuencia de chakras más altas: poder e instinto (tercer chakra), el corazón (cuarto chakra), la voz (quinto chakra), el intuitivo (sexto chakra), o el centro visionario (séptimo chakra). Este proceso de la transformación creativa es lo que permite que la idea se manifieste es su mejor y más alta forma. Si se pasa a cualquiera de los pasos, entonces la idea se puede manifestar con las consecuencias que tiene que ser vencidas al llevarte por un proceso consciente de atravesar los centros de consciencia que se perdieron. Siempre empezarás este proceso de atravesar los pasos perdidos en tu más bajo denominador común.

> Si estás pidiendo un auto nuevo o el amor de tu vida, pero estás acostumbrada a tener una carcacha o estar con un amante que engaña y roba, entonces es posible que haya una brecha emocional, mental, o espiritual entre lo que quieres y los que eres capaz de manejar.

El Principio del Mas Bajo Denominador Común

Muchos rituales y religiones antiguas fueron creadas para darle a sus seguidores la disciplina y conocimiento de sí mismos suficientes para el crecimiento espiritual. Por ejemplo, la consciencia que se requiere para manejar $100 no es la misma consciencia que se requiere para manejar $10,000 o $100,000. Sí hay un déficit manejando $100, entonces ese déficit se ampliará cuando manejes $10.000 o $100.000.

Espiritualmente es lo mismo para ti. Si estás pidiendo un auto nuevo o el amor de tu vida, pero estás acostumbrada a tener una carcacha o estar con un amante que engaña y roba, entonces es posible que haya una brecha emocional, mental, o espiritual entre lo que quieres y los que eres capaz de manejar. Esto se llama el principio del más bajo denominador común.

En tiempos de estrés siempre te revertirás al más bajo denominador común de tu pensamiento y patrones de sentimiento. Para mejorar, el más bajo denominador común es donde empiezas. No es importante si sabes o no cuales son los más bajos denominadores comunes para ti en este punto, pero en increíblemente importante que entiendas que empezamos a reconocer esto conscientemente a través de nuestro juicio.

El propósito del juicio es ayudarnos a entender nuestras preconcepciones de nosotros mismos. Juzgar a otros nos puede ayudar a ser claro sobre nuestra vulnerabilidad.

Juicio equivale a consciencia

Cuando juzgamos a otros o situaciones, significa que traemos nuestra consciencia a esas personas o situaciones. Más seguido las cosas de las que nos damos cuenta que son prevalentes son la imagen en el espejo de la misma dinámica no descubierta en nuestras propias vidas. Eso no significa que la situación o circunstancias son las mismas, pero que el mismo modo de fondo de operación se está usando. Somos críticos en nuestro juicio cuando nuestro espíritu o a nuestro ser inconsciente le gustaría que nuestro corazón o mente consciente sean conscientes de algo. Sufrimos más sobre las cosas de las que tenemos menos consciencia.

> Nunca ha sido mi experiencia que alguien es superior o inferior: sólo hay entendimiento y pertenencia. Cuando entiendes y tomas mando sobre Dios en ti, es inevitable reconocerlo en otros.

Mi Primer Trabajo Como Psíquica

La información en este libro realmente no es nueva. Es sabiduría nacida de mis experiencias familiares, una que se ha desarrollado una y otra vez enfrente de mí. Sólo resulto ser una persona en una larga fila de gente que han tenido estas experiencias a través de los siglos.

Cuando por primera vez inicié en este negocio, conseguí empleo en una librería muy de la Nueva Era. Tenía el placer de trabajar cada día con mucha más gente psíquica, la mayoría mujeres, de generaciones diferentes. Había una mujer llamada Rossana, que era de Europa Oriental y utilizaba bola de cristal, ella era bastante popular.

Alondraa era la psíquica más popular en la tienda. Media unos 5 pies con 2 pulgadas, pesaba como cien libras, y tenía pelo más negro que la noche que se lo peinaba en su estilo tipo Elvira. Alondraa definitivamente no era del tipo de madre terrestre. Ella estaba en sus años sesentas y era la que había estado ahí por más tiempo. Ella empezó a ser psíquica después de que le cayera un rayo de electricidad a la tierna edad de cinco años.

Cuando el negocio iba lento nos sentábamos en la parte trasera de la tienda, sillas en círculo, y nos reíamos y platicábamos y compartimos información. Bueno, la mayoría de nosotros lo hacíamos. Recuerdo una vez haberle preguntado a Alondraa su quería intercambiar lecturas, y ella no estaba interesada *en lo absoluto*. Energéticamente, había este muro de, *¡Tú no puedes tener mis secretos!* Esta era una de mis primeras experiencias tratando con otras psíquicas profesionales, pero la idea que una psíquica podía tener una técnica que era un secreto para todos- o la idea que los secretos importaban- lo encontré fascinante.

Era una bonita tarde de enero, brillante y asoleada con una frescura en el aire, un inverno promedio de California. Suga y yo éramos las primeras en el círculo. Suga no era su verdadero nombre, por supuesto. Ella era una bella nativa de Cuba que había nacido en una familia con un papá abusivo. Su familia extendida practicaba Santería con todo y altares de closet. Para cuando ella y sus hermanos se escaparon a América, ella no tenía interés de participar nada de ello.

Ella estaba en los inicios de sus años veinte, casi una década más joven que yo. Esa era la diferencia edad promedio entre nosotras, de siete a diez años de diferencia. Daisy fue la segunda en entrar en el cuarto; debía de haber sido un día lento si Daisy no hubiera tenido un cliente. Era una deslumbrante rubia, más o menos 5 pies con 9 pulgadas. Que siempre venía a trabajar con su pelo enchinado y portando maquillaje completo. Siempre olía de fuertes feromonas, a veces una fragancia placentera y a veces como que no se había bañado en días. En retrospectiva, ahora que lo pienso puedo haber sido su duelo lo que mi nariz biónica registraba. ¿Cuándo pude conocer su historia, quién la podía culpar? El hecho de que se levantaba cada mañana y atendía a sus asuntos era impresionante.

Madeleine era la sensible en el grupo. Todo siempre era demasiado para ella la mayor parte del tiempo. Si frase famosa era preguntar. "¿Puedes regresar tu energía?" Realmente es demasiado." La vez que Madeleine tuvo la valentía de ir con nosotros al bar a donde ocasionalmente íbamos después de trabajar, le pidió al sujeto al lado de ella que le bajara a su energía. Por razones obvias le costó mucha burla de nosotros.

Después entró Breana, una gentil, dulce alma tan linda como la brisa y llena de problemas paternos que cubría tan elegantemente. Breana no era el nombre que le decían en la preparatoria, pero definitivamente representaba a quien ella estaba decidiendo ser ahora. Aunque se reía, creo que siempre sentía una gran compasión por quien fuera el objetivo del chiste.

A continuación fue Pauline, una canal asombrosamente compasiva, una pequeñita, me recordaba de un hobbit. Era una mujer ángel. En todos los grupos de psíquicos hay al menos una. Pauline no tenía que haber vivido más allá de los siete años, así que el hecho que haya llegado a sus años cuarenta después de mínimo doce cirugías de corazón abierto y tres marcapasos, ella obviamente tenía amigos en lugares altos.

Finalmente, entró Alondraa, la matriarca no materna del grupo. Alondraa rara vez tenía tiempo para sentarse y platicar con nosotras, pero este día era especialmente lento así que todas estábamos sentadas en círculo contando nuestras historias de *conversión hacia psíquicas*. Para mí la cosa con Alondraa ere un ser único, o al menos eso pensaba. No me malentiendas: que te pegue un rayo de luz como niña pequeña y convertirte en psíquica por ello es espectacularmente único. Pero su actitud intimidaba que ella era mejor o más importante o de alguna forma separada del resto de nosotras.

Así que el día que Alondraa estaba contando su historia, su vos ligeramente rasposa sorprendentemente alta por la cantidad elevada de cigarros que ella fumaba. Había trabajado en la tienda por unas semanas, y parecía costumbre intercambiar lecturas con las demás mujeres como forma de conocernos, pero Alondraa no cambiaba lecturas conmigo. Ella si, sin embargo, aceptaba lecturas de mí, como para determinar si era competencia o no. Ella me ignoró por semanas, así que para este punto no había tenido la experiencia Alondraa.

Al final de su historia dije, "¿Hmm… así que esas son las caídas y golpes que escucho de tu cuarto al inicio de tus lecturas?" y después actué como si me estuviera pegando un rayo de luz, con mi cuerpo convulsionándome a un estado de trance y después sentándome recta como si alguien mi hubiera llegado a mi cuerpo para hacer la lectura.

La cara de Alondraa cayó mientras las demás de nosotros desatamos una risa incontrolable de muchas formas. Realmente nunca nadie se dirigía a ella de forma no seria. Ella era una matriarca no merecida, tomando el título sólo por edad. Ella era un poco amargada y egoísta y parecía que nunca nadie realmente hablaba con ella, sólo a sus espaldas. Una vez que terminó el choque, una sonrisa salió en su cara y se empezó a reír con nosotras. Parecía por primera vez que ella era parte del grupo.

> A veces nuestra meta no es lo que nosotros u otros pensamos que queremos para alguien, porque la sanación viene en muchas formas, a veces no se trata de salvar una vida, más bien de salvar un alma a través del amor.

Ve las Cosas Como Realmente Son

En cuanto a mí, yo fui reconocida como la sanadora de demonios. Trabajé en la tienda por exactamente un año, y me veía a través de cada una de esas mujeres en formas que aún no había podido capturar. La vida es muy diferente con un testigo, y cada uno de ellas me permitió verme desde un punto de vista distinto. Aprendí que todas las cosas de las que me burlaba, y todas las cosas a las que mi juicio trajo consciencia, eran ciertamente la forma que otros me habían percibido a mí. A diferentes intervalos, yo tenía experiencia o estaba experimentando las actitudes o condiciones que veía ante mí. Aprendí de Alondraa que mis experiencias no eran tan traumáticamente únicas; de Suga, que mi relación con la Cristiandad fue mi interés por la auto excavación; de Daisy, lo que se veía y sentía que otros presenciaran mi duelo perpetuo. De Madeleine, yo vi el grado de sensibilidad que yo cargaba, y Breana me permitió ver el profundo, reverberante impacto de haber perdido a mi padre tan temprano en la vida.

Fue una experiencia de aprendizaje asombrosamente intensa.

Tenía clientes que iban desde diáconos de iglesia a trabajadores de muelle. Había una adicta a heroína del motel de al lado. Una noche una abuela trajo a su nieto de dieciséis años; no estoy segura de donde estaba su madre, pero su papa estaba encarcelado. Ella esperaba que de alguna forma el trabajar conmigo lo mantendrá fuera de las pandillas y las calles. Sorprendentemente, él era increíblemente abierto a nuestra conversación. Ya se había unido a una pandilla y pasaba la mayoría de las noches con ellos. Aunque estaba abierto a nuestra conversación y escuchaba todo lo que yo tenía que decirle, había un campo de fuerza alrededor de él- construido a partir de sus creencias y posibilidades- eso no podía penetrarle. *Vive por la espada, muere por la espada* es en donde él estaba, y era claro para mí que eso es donde él se quedaría por la duración.

La noche después de trabajar con él, lloré por él durante el viaje de treinta minutos de regreso a casa. No era tristeza per se, pero era la forma en la que Dios lo explicaba a través de mí, el joven hombre pudo experimentar amor y el no ser juzgado, emociones que caracterizaban nuestro intercambio. La sanación viene de muchas formas; a veces nuestro objetivo no es salvar a una vida, sino a un alma a través del amor. Pienso en él de vez en cuando y siempre espero estar equivocada sobre su destino. Pero sospecho que no lo estuve. No era mi trabajo cambiarlo; era mi trabajo aceptarlo como era, amarlo, y reiterarle su valor. Yo hice eso.

Tomar Posesión

Entonces así es como yo contemplo la posesión. Todos realmente estamos conectado y Dios expresa su amor y poder a través de cada uno de nosotros. Es nuestro trabajo ser responsables por esa expresión de amor y el grado y vibración por el cual lo expresamos. Por cada alto, hay un bajo; para cada negativo, hay positivo. La dualidad es una de las formas por las que entendemos y exploramos el universo de Dios.

Mientras estamos bajo la influencia de dualidad, hay reglas específicas que debemos seguir para tener equilibrio. La consecuencia por no seguir estas reglas es el desequilibrio. El desequilibrio nunca es permanente, nunca. Para equilibrar hay que ver la gran foto, expandiendo tu filosofía y creencias para incluir posibilidades de no limitaciones y la eternidad, pero no todos verán la gran fotografía al mismo tiempo. La gente lo buscará en su propio tiempo, e inevitablemente todos lo verán. Aquí es donde la idea de tener múltiples vidas entra en juego. Nos permite conceptualizar y aceptarnos como poderosos, seres multidimensionales quienes han tenido múltiples experiencias que nos dan sabiduría a lo largo de nuestro camino de iluminación y evolución.

La más grande tragedia es que uno tenga sabiduría pero no voz. Nuestra multidimensionalidad nos guía para tomar la alegría en todas las cosas de todas las formas, levantándonos de la dualidad y hacia la realización de uno mismo.

> Por cada alta, hay un bajo; para cada negativo, hay un positivo. La dualidad es una de las formas por las que exploramos y entendemos el universo de Dios.

Las Reglas del Juicio

Regla #1

La gente lee nuestra energía antes de que nos vean físicamente. Es cierto que mucho antes que una persona esté en rango de visión física, tú ya lo has resumido de forma energética e intuitiva y tienes un sentimiento o instinto sobre ellos. Lo que es importante saber es que tu instinto primero mostrará tu información personal antes de que te diga información sobre la persona en tu visión. Eso significa que tus problemas saldrán primero.

Regla #2

Juzgamos a las demás personas para poder mejor entender nuestras propias necesidades, gustos o disgustos. Juzgar a otros no ofrece una oportunidad de ser objetivos y ser testigos sobre lo que nos gusta y disgusta del mundo. Si veo a una chica con un vestido que no creo que es atractivo, es porque mi primer reconocimiento de él es viéndome en él o traer a mi estilo y gustos al frente.

Regla #3

Las cosas que vemos en otros son las cosas en las que tenemos preocupación sobre nosotros mismos. Cuando las cosas tienen nuestra atención de forma fuerte, con juicio, estamos trayendo a luz o a nuestra mente consciente lo que tememos. Cuando sabes que eso es lo que haces el llevar las relaciones se vuelve más fácil. Por supuesto, cuando aún crees que tu juicio de otros es sólo sobre ellos, tienes que aguantar un camino turbulento y confuso, por seguro.

Regla #4

El juicio puede ser una forma de protección. Yo soy una firme creyente que el propósito original del juicio es ofrecer información crítica instintiva para mantenerte segura y saludable. Sin embargo, ya que muchas de las generaciones recientes nacieron equipadas para procesar décadas de información que nuestros ancestros no fueron capaces de procesar, el juicio se convierte en una dinámica significante que usaremos para descubrir la naturaleza de las emociones, creencias, ideales, y filosofías de las que debemos soltar o expandir para poder sentir, experimentar, y entender lo que nuestros ancestros no fueron capaces de hacer.

El Lema del Sanador: No es ni Fortuna ni Desventura

La regla más importante de la dualidad es aprender a dirigirte a todo en desapego- hasta demonios. El desapego no significa que no te importa o no eres poderosa. Significa que hay un entendimiento más profundo de todo. Abrirte a nuevos niveles de entendimiento te lleva a otro, lo cual te lleva a otro, hasta que inevitablemente llegas a la verdad.

Hay un proverbio chino que cuanta la historia de un granjero que cuidaba a su tierra con su hijo hasta que el hijo se rompe un pierna y ya no puede ayudar.

Después del accidente el granjero exclamó, "No es ni fortuna ni desventura".

Al siguiente día, todos los hombres jóvenes de la aldea fueron llamados para pelear una guerra menos su hijo porque tenía una pierna rota, y de nuevo el granjero exclamó. "No es ni fortuna ni desventura".

El Lema del Sanador:
No es ni Fortuna ni Desventura

El mantra, *no es fortuna, ni desventura,* se le otorga al entendimiento que todo es valioso exactamente cuando ocurre aun cuando no estamos en el punto de vista que nos permite verlo así.

Conocí un número de personas hablando del fin de su ciclo kármico, diciendo cosas como, *soy un alma vieja, esta será mi última vida aquí,* o *soy un alma joven, no sé mucho.* Estar al final de tu ciclo kármico no dicta si permanecerás o no en forma de humano, determina lo que haces de obligación a ti mismo. Es mi experiencia que almas viejas realmente se la pasan bien aquí y usualmente no se quieren ir, revelando las incertidumbres ocasionales. Y no hay *nuevas* almas, sólo cuerpos mejorados y almas necesitando aprender responsabilidad sobre algo, posiblemente necesitando tener una esfera limitada de información para mantener su atención.

Nunca ha sido mi experiencia que alguien es superior o inferior: sólo hay entendimiento y posesión. Cuando entiendes y tomas posesión del Dios en ti, es inevitable reconocerlo en otros.

¿Qué es el Diablo: Ilusión, Desilusión, o Realidad?

Ahora que tienes algo de entendimiento sobre lo que es un demonio exactamente, ahora es tiempo de referirnos al Diablo. Satanás es un ángel oscuro y existe en sólo algunas de las religiones del mundo, y él no es tan importante para nuestros fines aquí, tampoco. Al entender y dominar estos concepto más grandes sobre el Diablo serás capaz de manejar a Satanás si él viene hacia ti.

Para mí, el *Diablo* no es Satanás. El concepto del diablo es un concepto más comprensivo al que se dirigen toda filosofía, cultura y religión. Simplemente coloca que, el diablo es ilusión. Es todo lo que es contenido en la brecha entre nuestro deseo y formación de realidad, la manifestación del mundo físico. Mientras me siento aquí, escribiendo estas hojas, todo se me ocurre como gracioso, hasta ligero y con aire, como si un gran viento ha llegado y llevado a todo el miedo, sufrimiento, miseria y desesperación que siempre acompaña el concepto del Diablo: el gran acusador- calumniador.

La integridad de esta vida ha sido, en la mayoría de los niveles, siempre enfocado en el trabajo del espíritu. Siempre he tenido la consciencia de espíritus trabajando cuando mi ser humano estaba viviendo. La ilusión de esta separación fue más potente en mi niñez temprana cuando mis días estaban llenos son las actividades de una niña, pero acompañados con las sutiles manifestaciones de la crueldad de la humanidad. Cargaba la consciencia de sabiduría que aún no había sido adquirida en mis experiencias de vida.

> El concepto del Diablo es un concepto más comprensivo al que se dirige toda filosofía, cultura, y religión. Simplemente coloca que, la ilusión del Diablo.

Mis noches eran llenas de sueños activos, la recepción de mensajes y visita de otras dimensiones, todo antes de la edad de seis. Mientras definitivamente tenía un miedo horroroso durante las ocasionales visitas demoniacas a media noche, mi espíritu ya estaba equipado con la *tecnología espiritual de oración.*

Interesantemente, mi familia no era nada religiosa, así que la oración fue una de esas cosas con las que mi espíritu ya contaba. Me bautizaron metodista, porque eso era lo que mamá era. Papá era ateísta, al igual que mis hermanas a ese tiempo. Mamá, sin embargo no iba seguido a la iglesia, principalmente sólo en días feriados. Yo me pegaría para ir a la iglesia con alguno de mis amigos que iban en cualquier domingo, con dos monedas que papá me había dado para el plato de ofrendas.

No puedo comenzar a expresar cuanto amor tengo por las iglesias. Sin duda son horas incontables que he pasado en esta vida y vidas pasadas en ellas. No es la iglesia lo que amo, pero el edificio en sí, los corazones rotos que ha albergado, y las revelaciones que han presenciado. Es la suma de la vida, alegría, y valentía que han contenido dentro de sus paredes- los sonidos gentiles de la capela de un monje, el aroma liso de piñón quemando, incensó, myr, o *nag champa* que abre la mente para la renovación- eso siempre me llena de inspiración.

Para mi Dios está en todos lados en los que estoy y no necesita casa especial; todo es la casa del Creador. Eso dicho, los lugares que son construidos con la intención de adoración son especiales y sagrados. Sus muros están preparados con el amor y duro trabajo de Dios. Verdaderamente él no espera nada de nosotros más que reconozcamos nuestra belleza y divinidad. La iglesia es donde nos cuesta trabajo hacer eso, de resistir las tentaciones de la falta de creencia humana en nuestra propia divinidad, y después inevitablemente responder la inmensa responsabilidad de crear nuestras propias vidas.

Si me preguntas, las iglesias no pierden su poder aun cuando la iglesia ya no esté. Las capas sobre capas de celebración humana y sufrimiento están metidas en cada molécula de madera, cemento, y tabla roca. El llamado constante sobre los ángeles y las peticiones de nuestros más altos corazones, llenan cada rincón con justificación valiosa de estar parado ahí. Aun cuando le cambiamos el propósito de una iglesia con otro negocio, yo creo que su función permanece igual: generar comodidad y auto revelación.

¿Pueden los demonios visitar una iglesia, preguntas? Por supuesto que pueden. Algunos hasta nacieron ahí, pero no te equivoques. Dios siempre gana. El intento más alto siempre prevalecerá. Siempre hay una fuerza poderosa y apoyo para ti en una iglesia, seas o no un miembro o incluso si la iglesia de ha mudado.

Me encantaba visitar iglesias de otras denominaciones porque le variaba a la monotonía de los diferentes rituales. Promovía mi amor hacia los rituales que eran intrínsecos de mi espíritu. La otra cosa que la iglesia me enseñó fue el propósito de la fe, que la religión es una camino hacia el entendimiento del creador y un camino hacia el entendimiento de nuestra conexión humana y relación con el Creador. La religión no es una relación en sí misma. Una relación con el Creador es tuya y sólo tuya; no puede ser compartida con otros en una religión.

Como niña de unos seis o siete años de edad, la oración del Señor fue una herramientas efectivas para repeler la visitas demoniacas de noche que estaba teniendo. Pero, convertirme en un cristiano renacido, y rezar mucho no resultó ser oponente para el cáncer que lentamente se comía la vitalidad de mi papá. Cuando él murió, estaba enojada con Dios. ¿Por qué no habían sido escuchadas mis oraciones? Tenía once años en ese entonces. Entendí entonces lo que mi espíritu siempre había sabido, que sólo porque Dios existe no significa que las cosas malas no pasarán y que la práctica de la religión sólo puede promover y cultivar tu relación y entendimiento del mundo y su Creador.

Es a través de ese entendimiento que nuestra mente, cuerpo, y espíritu son liberados de todo lo que nos ata a nuestro miedo. En el inicio, entonces, el miedo se convirtió en el enfoque central de nuestra relación con el Creador. Cultivar una relación con Dios es entonces liberarnos de la ilusión de impotencia como seres humanos y reconocer nuestra consciencia expansiva de la imagen sobre la cual fuimos creados.

Esencialmente, somos lo que Dios es hasta donde nuestra habilidad de enfrentar y portar tal poder llegan. Todo lo que este entre Dios y nuestra habilidad de portar tal poder es el Diablo, la ilusión de la separación de Dios.

Oferta y Demanda Espiritual: ¿Tus Creencias y Conocimientos Te Permiten Tus Metas?

Okay, debería ser franca y decir aquí que no tienes que creer en Dios para tratar con el diablo. Sin importar en lo que crees, tu espíritu te está guiando sobre el camino de reconciliación de la ilusión de nuestra separación humana del Creador y todo lo que eso es. En algún punto será importante para ti, en esta vida u otra, delimitar y definir la conexión entre ciencia y espíritu y empezar a nombrar aquellas cosas que siempre han estado en tu consciencia sutil. Puedes ser que si estás leyendo esto, ya estés ahí. Así que de aquí en adelante, definiré a Dios y al Creador como lo que nos une a nuestro ser divino, o ser mayor. El universo es donde vivimos, no quienes somos.

Nuestro espíritu está conectado a nuestro ser mayor a través de nuestro corazón, y nuestro ser mayor se conecta al Creador. Las más lentas (hablando comparativamente) vibraciones de elementos emocionales de nosotros mismos son nuestros pensamientos, emociones, y cuerpo etérico. Esos son los elementos de nuestra experiencia humana que son susceptibles al Diablo y las muchas formas de expresión que el Diablo personifica. Hay tiempos en la vida donde quizás tengas que reevaluar lo que sabes y las creencias e ideales que tienes para poder completar tus metas o hacer que tus propios sueños sean realidad.

Es cierto que ser un sanador de demonios amerita una postura de guerrero y sus ideales, pero antes de que lleguemos a eso, me gustaría desglosar los diferentes tipos de entes y construcciones espirituales que existen, para que puedas estar un poco más clara sobre lo que requiere hacer batalla o no, cada uno.

El Diablo

Yo absolutamente creo que el Diablo existe. Hay dimensiones demoniacas que existen de las cuales muchos humanos tienen acceso. Ahora, no todas las personas harán casa a estas dimensiones, pero de hecho si existen. Otra vez, es una cuestión de percepción y desarrollo espiritual. Todas las religiones tienen una relación con algo que consideran demoniaco. En algunas religiones hasta hay demonios que sirven funciones muy importantes y buenas, por ende convirtiéndolas en cierto punto positiva y con propósito.

La información que has traído a esta vida te dará una indicación de tu propia relación con el concepto. El Diablo, sin embargo, siempre tendrá la principal fuerza. No importa si crees en, sabes de, has escuchado de, o estás en miedo de, o estás en paz con el Diablo- el Diablo siempre estará en forma de energía. El Diablo no vive en la realidad física, no importa como lo conceptualices; vive en dimensiones no físicas y sólo tiene acceso a nuestro mundo a través de nosotros.

Así que si está aquí contigo, de alguna forma, en algún lado, en algún nivel, es tuyo. El Diablo merece respeto. Intentar trivializar lo que aún no sabes del Diablo no te protege de ninguna forma de él. Todo lo que hace es dejarte más allá del entendimiento que necesitas tener de ello, el entendimiento que eliminaría tu miedo y te librará del Diablo. Algunas personas piensan que si le das respeto o reconocimiento directo a Diablo de cualquier forma, entones te hace más vulnerable a la voluntad del Diablo. Eso no es para nada cierto.

> El Diablo merece respeto. Intentar trivializar lo que aún no sabes del Diablo no te protege del de ninguna forma.

Mientras mejor te conoces y aceptes a ti misma, más entendimiento tendrás de otras dimensiones espirituales y menor acceso tendrá el Diablo a ti. Sé que hay mucho rumores por fuera sobre demonios y cómo los puedes contraer, como si fueran una enfermedad. He escuchado gente que diga que no debes ver a alguien directamente a los ojos porque te hace vulnerable a ellos o a posesión demoniaca, o que los demonios se pasan de persona a persona por el tacto, tanto que si estás alrededor de alguien que esta afligido tú también estás vulnerable. Todas estas teorías nacen de una falta de conocimiento sobre cómo funciona la energía. La verdad es, sólo puedes ser afligida por demonios si no estás consciente de ti misma o resuenas con ellos de alguna forma. Lo llamados *acuerdo y permiso.*

Una noche Janna y su novio Paul estaban en una reunión social en el centro local de rehabilitación para drogas y alcohol. Era un evento abierto donde miembros de la comunidad podían ir y conocer al personal y adquirir un mejor entendimiento sobre el trabajo que hacían. Janna trabajaba ahí como consejera y tenía una relación amistosa con uno de los consejeros masculinos con los que trabajaba. A él de hecho le gustaba ella. Esta fue la primera vez desde que conocía al novio de Janna, y que mostró rasgos obvios de estar defraudado, pero mantuvo una cara placentera mientras los tres platicaban.

Parecía ser una conversación amable hasta que el consejero masculino dijo en voz baja, "Si, ustedes están felices ahora hasta que tengan una sobredosis y mueran." Una mirada de horror se apoderó de su cara conforme las palabras dejaban sus labios.

Janna lo escuchó y vio hacia al consejero en perplejo. Paul no lo escuchó y unos momentos después se disculpó para ir por otro vaso de ponche.

Janna dijo inmediatamente, "¿Oye qué fue eso que dijiste?"

El consejero respondió, "Algo muy terrible, no sé de donde salió. En serio, no sé porque dije eso".

Ambos se rieron y después pasaron el resto de la noche como si nada hubiera pasado.

Es común que gente que haya usado drogas tengan un elenco demoniaco con ellos por mucho tiempo durante su recuperación. De hecho, eso es lo que es la recuperación: los procesos de limpiar tu alma del comportamiento auto destructivo y entidades que tú comúnmente atraes mientras usas drogas o tú destruyes a ti mismo y a los demás. En esta situación, el estar defraudado por parte del consejero en la presencia de su objeto de afecto, al igual que su falta de consciencia, lo hizo vulnerable a las fuerzas e intensidades de la energía demoniaca que estaba con el novio de Janna. De hecho ese día luchó con su estado sobrio y su comportamiento auto destructivo.

Por fortuna, el consejero tenía algo de dominio sobre sus propias emociones y fue capaz de mantener la intrusión controlada gentilmente, sabiendo a cierto nivel que las palabras que decía no eran de él. En esta situación, los tres ellos estaban conectados energéticamente, el consejero a Janna, y Janna a su novio. Los tres de ellos tenían conexiones emocionales diferente y diferentes niveles de consciencia. Esa fue la dinámica que creo esta situación. Eso por eso que no puedo dejar de reiterar lo importante que eso conocerte a ti misma y tus límites.

¿Dónde vive el diablo?

El diablo vive en todos lados. Como la gente se relaciona con su ilusión es directamente relacionado a su perspectiva y experiencias. Ilusión es la misma cosa que creatividad e imaginación, dependiendo en donde este enfocada. Por ejemplo, si tú eres una persona emocional, el Diablo buscará conectarse a tus emociones, y tendrás una gran gama de ilusiones sobre cómo te sientes sobre las cosas.

En el próximo capítulo reconoceremos los cinco niveles básicos de energía e indagaremos el objetivo a través del que te permiten percibir el mundo. La perspectiva que tú tienes y el tipo de transición en el que estés (ya todos estamos en algún tipo de transición siempre) te dará una indicación de donde vive el Diablo para ti. Conforme te das cuenta de los filtros sobre los cuales ves tu vida, después eres capaz de reconocer las reglas espirituales inherentes que rigen sobre ese perspectivo en particular. Esta pequeña parte es la clave sobre porque a veces nos cuesta tanto entendernos el uno al otros, especialmente en un escenario global. Las reglas para una perspectiva emocional son diferentes que las reglas de una espiritual.

> No tienes que crear en Dios para poder tratar con el Diablo. Sin importar en que crees, tu espíritu te está guiando sobre un camino a la reconciliación de la ilusión de nuestra separación humana del Creador y todo lo que eso es.

Todos nos movemos a través de todos los niveles de percepción en nuestro viaje de desarrollo espiritual. Como nos movemos, cuando nos movemos, o hacia donde nos movemos, es lo ilusivo. La idea de que alguien es un alma vieja infiere que han venido a este mundo con cierta, percepción espiritual expandida sobre la vida. No te equivoques: no hay almas jóvenes, sólo la percepción de inocencia o inmadurez. Todos tienen dimensiones en sí mismos para expandir, para crear un equilibrio y dominar aceptación. Los maestros ascendidos como Jesús y Buddha sólo lo hicieron con una audiencia.

Es aquí donde le concepto de karma o vidas pasadas nos es útil. Cada espíritu llega a esta encarnación con descargas de información o memoria. Estas bolsas de energía contienen todo lo que necesitas saber para iniciar tu camino de desarrollo espiritual en esta vida. Hasta creer que no tienes un camino espiritual es un camino.

Karma, una palabra en Sanscrito, es un concepto Hindú refiriéndose a la idea que por cada acción hay una reacción igual y opuesta. Incluye- pero no se limita a- el concepto espiritual de dualidad: bien y mal, luz y oscuro, yang y yin. Karma no es simplemente la idea de que si haces algo malo, algo malo te pasará. Significa que si matas a alguien, con ello viene el entendimiento completo y total de su impacto. Este entendimiento no vine en lo que consideramos tiempo y espacio lineal; es su propia dimensión de tiempo y espacio a lo que nosotros los humanos podemos relacionar como vidas pasadas.

Digamos que fuiste Atila el Huno en una vida pasada, y habías matado a cien mil personas por lo que tu pensabas era una causa justa. Ahora, podemos asumir que Atila no experimento el remordimiento de matar mientras mataba, que era libre de remordimiento mientras mataba. La igual y opuesta fuerza que viene con matar a cien mil es el remordimiento por esa acción, un remordimiento que incluye la energía del evento y la dimensión donde sucedió. ¿Puedes imaginar el demonio de cien mil llantos que está pegado al espíritu de Atila?

Entonces siendo Atila, no has experimentado este remordimiento por haber matado cien mil desde el tiempo de tu muerte en 435 CE; trajiste esta descarga o memoria a esta vida y ahora debes, a través de tus experiencias hoy, procesar la ilusión de remordimiento enorme y todo lo que viene con ello. Por supuesto, tú probablemente no eres un maestro de la guerra en esta vida, pero tu espíritu atraerá a tu vida lo que necesitas hoy para poder procesar el duelo de ese remordimiento y ganar un entendimiento espiritual, introspección, y perdón. O, tal vez estarás atorada en un sanatorio en algún lado viviendo ese duelo cada día. ¿Puedes imaginarte como se vería tu vida?

> Mientras mejor te conozcas y te aceptes, mejor entendimiento tendrás de otras dimensiones espirituales y menor acceso tendrá el Diablo a ti.

Festival de Criaturas Para Principiantes: Tipos de Aflicción Energética

Trauma emocional

Experimentar un trauma emocional de cualquier tipo que permanezca sin procesar puede llevar a la transferencia de ese trauma junto con el alma a otras vidas, o a gente que resuene con él y están mejor equipados para procesar la energía a través del duelo.

Enfermedad mental

Muchas enfermedades mentales son de hecho el resultado de un espíritu enfermo o son cosas que siguen al espíritu. Una criatura se puede transferir junto con un alma con tantas experiencias de vida hasta que sea reconocido y reconciliado. Esta transferencia puede a veces ser reconocido como un seguimiento espiritual crónico como esquizofrenia o desequilibrio químico como desorden bipolar que deja a la persona incapaz de tomar completa responsabilidad por sus pensamientos, sentimientos y acciones.

Cuando este es el caso, muchas veces, la medicación es necesaria para la persona afligida, para evitar que se dañen a sí mismos u otros. Es mi experiencia que muchos que son diagnosticados con enfermedad mental están afligidos espiritualmente de alguna manera. A través de la sanación espiritual, procesamiento emocional, duelo, u retenimiento conductual, pueden tener una completa recuperación. Algunos, sin embargo, vivirán todo un ciclo de vida atados de un patrón de cerebro que los deja incapaces de mantenerse de alguna forma. Siempre es el propósito del espíritu regular, sanar, y regresarse a sí mismo a equilibrio, sin importar cuanto tarde.

Depresión

En general, la depresión es la forma del espíritu de crear una estasis de los sentidos, para que el ser mismo pueda procesar información sobre el espíritu. Es la forma espiritual de auto reflejar y ser consciente de tus patrones personales.

Desorden de estrés postraumático (DSPT)

DSPT en la forma por la que el espíritu detiene la información de un trauma hasta que la persona que lo experimentó está en un ambiente seguro para procesar la información y responder a ella, especialmente mental y emocional. La respuesta puede llegar semanas, meses, años y hasta vidas después. Para algunos, una vez que el trauma renace, se reproducirá una y otra vez en un círculo sin fin buscando una nueva resolución o perdón. La información de trauma incluirá cada pedazo de experiencia que ocurrió, incluyendo lo que paso antes del evento, el evento en sí, y después todo lo que paso después. La respuesta traumática del estrés es la forma en que la mente consciente recupera y procesa toda la información en todo cuerpo de energía (física, eterice, emocional, mental, y espiritual).

Trauma físico y defectos cognitivos

Traumas físico como muerte accidental, muerte de una enfermedad no esperada, o finales trágicos como homicidio o sobredosis de drogas pueden presentarse en otra vida como defectos cognitivos, marcas de nacimiento, trauma físico, y accidentes en la vida temprana como una forma para que el alma procese la emoción y gane entendimiento espiritual del trauma previo. Una vez trabajé con un tipo que tenía una cicatriz en su pierna de su infancia. Estaba en la cuarta década de la vida y aún, en ocasiones, le molestaba hasta ese día. En nuestra sesión, una vida pasada surgió donde él era miembro de la Tribu Plains, lesionado en batalla con una flecha en el lugar exacto donde portaba la cicatriz. Después de quitar la marca espiritual de la flecha, batalla, y herida, él fue capaz de encontrar perdón y entendimiento sobre los eventos en esa vida; jamás volvió a tener dolor en esa pierna.

Fantasmas

Las fantasmas son marcas energéticas de gente que han vivido alguna vez en cuerpos físicos. Después de morir, su energía es tan fuerte que su marca o memoria energética es mantiene viva y reconocida por gente viva. Seguido cuando vemos fantasmas, nos metemos a la dimensión dentro de su vida y vemos sus actividades típicas de vida.

En Pasadena, California, hay mucha historia espiritual. Fui llamada para hacer una curación en una bella casa de los años 1920 que estaba siendo renovada. El contratista estaba teniendo problemas en muchos niveles diferentes en el lugar y sabía que parte de la situación era espiritual. Una de las cosas interesantes que encontré fue el fantasma de la esposa del dueño original. Ella tenía un pequeño cuarto de coser arriba de la terraza del segundo piso, un cuarto donde ella claramente había pasado una gran parte de sus días.

El contratista había decidido hacer un closet, poner un muro donde estaba la puerta original, y mover la puerta hacia el otro lado. Cuando me acerqué a esta área ella estaba enojada y maldiciendo el cambio (ya que era una interrupción a los patrones energéticos), haciendo exactamente lo que estaría haciendo si estuviera viva. Años de comportamiento repetitivo habían dejado una huella de ese comportamiento desde su esencia. El fantasma no era su alma, pero sólo una marca de su cuerpo de energía que se había quedado y nunca liberado. Habían muchos otros elementos espirituales que mantenían a esa energía en su lugar.

Espíritus terrenales (descarnados)

Ahora, un descarnado es un actual espíritu que ha perdido su cuerpo y es incapaz de ascender de nuevo al sobre alma. A veces una persona que muere de forma traumática, por homicidio, suicidio, un accidente, una sobre dosis de droga, puede perder su cuerpo tan abruptamente que su espíritu mantiene un gran vínculo a su realidad y por ende no es capaz de transicionar. Muchas veces estos espíritus deben continuar su trabajo sin un cuerpo, al enlistar en la ayuda de aquellos cuerpos físicos para ayudarle a adquirir entendimiento.

No toda persona en estas posiciones será capaz de ascender, ya que a veces es una transición rápida de la realidad física lo que es parte de su destino. Situaciones como suicidio y sobre dosis de droga, sin embargo, que usualmente llevaron a la persona a tal estado de depresión de consciencia que su espíritu sin cuerpo primero debe tratar con todos los elementos no resueltos antes de ser capaz de reunirse completamente con el sobre alma. Cuando un alma no es capaz de ascender, el desencarnado puede adherirse a otra persona en el mundo físico quien se alineé con las mismas energías y tenga algunos de los mismos problemas. El desencarnado puede seguir a esa persona a su siguiente encarnación física, para que pueda terminar el trabajo y entendimiento de la vida pasada.

Situaciones como suicidio y sobre dosis de droga, sin embargo, que usualmente llevaron a la persona a tal estado de depresión de consciencia que su espíritu sin cuerpo primero debe tratar con todos los elementos no resueltos antes de ser capaz de reunirse completamente con el sobre alma.

Seres de otro mundo

Hay entidades con son energías de otras dimensiones. Hay una variedad de seres de otro mundo que tienen una conexión con nuestro mundo: ángeles, extraterrestres, demonios, y energías que vienen de múltiples dimensiones de existencia que son demasiadas numerosas para saber o mencionar. No quiero decir aquí que cualquier ser *benévolo* (yo diría más bien un ser de luz- sin embargo, todos los seres son de luz, percibida o no) honrará y respetará tu mejor interés. Ellos no buscarán disminuir, dañar, faltar respeto, o intimidarán en ningún aspecto.

Maldiciones Ancestrales

Maldiciones son palabras que se vuelven construcciones energéticas que se le pegan a una persona y después se pasan a su descendencia hasta que un entendimiento espiritual es formulado y el perdón es manifestado. Pueden ser por coincidencia o deliberado. Una maldición ancestral puede ser los pescados no resueltos o situaciones que se pasan a generaciones futuras que están mejor equipadas para experimentar duelo, encontrar entendimiento, y afrontar perdón. El perdón es la idea de neutralidad.

Construcciones energéticas

Un constructo energético es la energía de la esencia que se transmite cuando alguien te dice palabras fuertes o negativas sobre ti. No todas las palabras fuertes se convierten en constructos. Las construcciones a veces se ven como hebras de vidrio, cuchillos y dagas, flechas, u otras manifestaciones picudas y pueden viajar con el espíritu hacia muchas experiencias de vida atrayendo y ganando energía, volumen, y momento. Los constructos se pueden desarrollar en tumores y otro material obstructivo y enfermo en el cuerpo hasta que son reconciliadas.

Guías espirituales

Todos tienen un grupo de guías espirituales, sean o no conscientemente reconocidos. Yo los llamo *mi gente*. A veces estos seres son familiares y amigos que han muerto; son seres de dimensiones más altas y bajas de energía (ángeles o demonios); un espíritu que ha vivido en la tierra u otro planeta y tiene algún significado kármico; o un espíritu animal o tótem.

La relación de uno a un guía espiritual es diferente que la presencia de un espíritu malo. La habilidad de una persona de aceptar la presencia de su guía espiritual no es importante al guía ya que es el privilegio del guía ser servicial. Cuando tienes un guía espiritual, es especialmente comprometido a ti y tu crecimiento por un periodo de tiempo y a veces muchas vidas. El guía espiritual no interfiere con tu vida, aunque si puede intervenir en ciertas situaciones con tu permiso.

Cuando tienes un guía espiritual, es especialmente comprometido a ti y tu crecimiento por un periodo de tiempo y a veces muchas vidas.

Sé que te podrás estar preguntando, ¿Cómo un demonio puede ser mi guía? Considera que el objetivo en la vida inicia con mantenerte vivo. Cuando alguien vive de forma baja necesitan ser guiados sobre ese camino más denso de un ser con experiencia en él. Ese ser puede ser un demonio o un espíritu terrenal, o alguien cuyo espíritu ha sido traído de nuevo a la vida por voluntad. Todos estos seres tienen visión en los reinos de vibraciones más bajas.

Es importante entender que eventualmente crecemos de más para nuestros guías espirituales y nos pasamos a nuevos, basados en nuestros crecimiento y desarrollo. Dejar un guía atrás puede ser tan doloroso como mudarte y dejar a tu amigo más cercano. Es una relación de una necesidad de un tiempo y para una meta espiritual, y nunca hay que esperar que nuestro guía crezca y madurará con nosotros ya que a veces no son capaces.

El guía que mi ha ayudado más con cultivar mi visión del inframundo en esta vida y cuya visión ha sido invaluable, es Marie, la curandera. Ella es descendiente da un poderoso *yaya nganga,* alto sacerdote de Palo Mayumbe, y carga el peso de su visión. Yo siempre la había visto en el ojo de mi mente, pero su imagen no se hizo consciente a mi hasta que estaba comprando en una *botánica* local (una tienda de hierba, velas, y otras cosas para rituales) local y vi el nombre de marca en el empaque de un baño sanador a base de hierba llamado La Negra Curandera, y tenía la foto de una mujer con apariencia muy similar a la que veía en mi cabeza. En este punto había estado conmigo por casi trece años. Estoy tan segura del día que vino a mí como el día que me dejó. Ahora mi visita intermitentemente en tiempos de gran duelo o transición espiritual.

> **La tragedia más grande es que uno tenga sabiduría pero no voz.**

Como Conocí a la Curandera: La Guardadora de Secretos

Yo conocí a la curandera por primera vez durante la temporada de vacaciones de 1986. Apenas había comenzado a trabajar para Revlon como artista de maquillaje y una parte de los eventos en los que participaba fue como parte de equipos de eventos que trabajaba en los eventos de lanzamiento en Bloomingdale's y Macy's en la ciudad de Nueva York. Ya tenía dieciocho meses en NYC, y después de mi novena mudanza estaba un poco cansada, agotada, y al mismo tiempo vigorizado por mí nuevo entorno, siempre pulsando con el nuevo ritmo de vida. Aun tratando con el trauma de haber sido violada cuando tenía 18, mis emociones siempre eran crudas y mis ojos vigilantemente abiertos.

Trabajaba con un buen equipo en Bloomingdale's. Estaba Phillip, quien tenía una fuerza considerable; Kandy (bueno eso decía en su carné); Gran Mike, el oso de peluche más alegre hasta que lo cruzabas; y después otras dos chicas que no conocía bien ya que eran nuevas. Nos reíamos y disfrutábamos bastante, ese grupo. Los martes en las tardes en el sexto piso las promociones seguían por casi dos semanas y todos trabajábamos días de diez o doce horas. Las dos chicas nuevas parecían salir de la nada como era común en ese negocio, pero estas niñas eran particularmente notorias hacia mí porque no le agradaba a ninguna, especialmente a una de ellas.

Bueno, debo poner una advertencia: No tengo idea real de cómo se sentía sobre mí porque nunca pregunté, pero seguramente había algo en su espíritu que era palpable en su odio. Cada vez que pasaba por mí camino a su descanso para comer pequeñas dagas volaban de sus ojos y veneno salía con las palabras que susurraba por debajo de su aliento. Sé que eso suena dramático pero como empatista, el odio realmente es una daga que se extiende de la energía de alguien y penetra a alguien que es vulnerable. Siendo honesta. No creo que fuera ella; sólo eran las criaturas que le hacían compañía. Me refiero, ella no me conocía para nada y no tenía razón legitima para que le desagradara más allá que alguna situación personal que pudo haber tenido.

Una Reina Caribeña, era una joven mujer tan amorosa- rica, oscura, piel de cacao con rastras, largas y bellas trenzas, y una bella cara ronda y pequeña- hasta que claro me volteó a ver y volaron dagas de sus ojos. En ese tiempo, yo entendía los reinos demoniacos pero no tenía palabras para expresar las experiencias comunes que estas criaturas promueven. Yo entendía que ella tenía visitas, pero no entendía porque buscaban atacarme. Cada día yo estaba tan frágil, cruda, y cansada y después tenía que lidiar con la Reina Caribeña. Cada día me sentía un poco peor cada vez que la veía. Finalmente, después de mucha ración y suplicas por ayuda, el espíritu me llevó a un pequeño viaje.

Terminé de trabajar temprano ese día y me regresaba a mi cuarto rentado de ghetto. Justo en la orilla de Harlem en el Lado Oeste, tomé el tren C con algunas paradas extras, y todo lo que recuerdo fue estaba en el lado norte de la Calle 125 y caminando de este a oeste cuando un espíritu me paró en mis pasos. Fue como si hubiera pegado con una puerta de vidrio con contrafuerza que me tiraba hacia atrás.

No entendiendo que había pasado, intenté una vez más caminar hacia adelante y de nuevo- *bam!*- Fue tan espeluznante que me empecé a reír incontrolablemente y después vi hacia arriba para darme cuenta que estaba parada enfrente de la Botánica de San Miguel.

"Entra," dijo la Curandera.

No vi su espíritu en ese entonces ya que mi clarividencia aún no se había establecido, pero su presencia no era debatible. Entré y una pequeña cabra salió corriendo de atrás, seguido de un hombre que no pudo haber tenido un días más que noventa. Él no hablaba inglés y yo, con mi español limitado, no tuve oportunidad de decir mucho ya que para él era obvio lo que me estaba sucediendo. El caminó hacia la parte trasera por un pequeño momento y regresó con su pequeño costal de huesos y cascarones, herramientas de adivinación utilizados en muchas religiones descendidas de África, incluyendo Santería.

> **Si estamos inconscientes de la energía que presentamos, entonces no obtendremos la respuesta o reacción que esperamos. Obtener cosas que no esperamos nos lleva a estar defraudados, lo cual es un nivel más profundo de auto consciencia.**

Nunca supe su nombre, pero era un santero, un sacerdote de Santería. Los santeros avientan huesos y cascaras como una forma de adivinación para entender mejor la situación que están leyendo. No son los huesos y cascarones lo que leen; es el patrón numérico que sale al aventar los huesos y cascarones varias veces, llevando a una dinámica espiritual correspondiente entre dos loa, la versión de Santería de sacerdotes que representan dinámicas y fenómenos naturales de energía. Él hizo claro que no necesitaba escuchar mi español cortado.

Nos sentamos en silencio mientras aventaba hueso y consultaba los Orishas. Él me dijo algunas cosas a mí, y me dio un hilo de semillas de peonia, una rica, roja como motor y negra semilla que le brinda honor al Orishas llamada Eleguá, el guardián de los cruces de caminos. La única cosa que dijo que entendí es que ahora estaba protegida. El sol había caído, y mientras caminaba hacia mi casa con mi nuevo juego de perlas y mi nueva amiga, la Curandera, lloré. Sentí que mis fuerzas empezaron a levantarse de nuevo, con el amor y apoyo de una familia eterna. Poco sabía yo que la Curandera me necesitaba también aunque eso no sería por mucho tiempo. Ella caminó conmigo por los próximos quince años, a veces en frente de mí, a veces a mi lado, y a veces justo atrás empujándome hacia delante y enseñándome cómo ser dueña de mi misma, mi vida, y mis decisiones con sabiduría, gracias, y silencio hasta que el tiempo de hablar llegara.

El próximo día en Bloomingdale's, la Reina Caribeña camino a mi lado y se rio y siguió su camino. Todos fuimos más feliz ese día.

El Altar del Sanador:
Fortaleciendo Tu Espíritu

La meta de este altar es fortalecer algún elemento dentro de ti, como valentía, alegría, integridad, u honestidad. Toma algunos momentos para considerar que es lo que podrías necesitar más, y recuerda que Dios te da más valentía al marcar situaciones en tu vida en las cuales debes tener valentía.

Cosas Que Necesitarás:

- Una vela naranja
- Algo para ofrenda de gratitud como un vaso de agua, u plato de maíz, o tabaco.
- Un pedazo de papel con tu palabra escrita en ella

Escribe o hagas una oración con tu vela en mano, entrando en el mejor y más alto del elemento al que estás pidiendo. Ser claro sobre el *más alto y mejor* uso de tu elemento te ayuda a recibir lo que sea que viene a tu camino, como expresión de tu próximo nivel de entendimiento. Reconoce que cualquier movimiento es progresión y que la consciencia espiritual es una evolución.

PARTE 3

Mantente Enfocada

Los Demonios son inteligentes y estúpidos a la vez

Las Armas Del Sanador:

Enfoque, Compromiso, Ilusión, Engaño, y Realidad

La Historia del Cuervo

Era el primer día que la frescura de la mañana era tolerable. El calor había llegado tarde este año. Empecé temprano y me faltaban sólo algunas millas para mi destino. Casi en Crowheart, había ido por cientos de millas sin ser detectado. Había llevado casi siete semanas. El Creador me estaba enseñando como ser invisible al convertirme en mi ambiente para evitar ser visto. Ya era una rastreadora hábil, y aprender a ser invisible a otros fue tan natural para mí como respirar. El ser nacido en generaciones de lucha resultó tener ciertos regalos. Estos regalos incluían la habilidad natural para desaparecer hacia el lado de una montaña o volar como un águila, pero mi nacimiento también tenía un impacto que sólo podía ver ahora que mi corazón había sanado. Cuando naces en la forma de un ser, y esa forma de ser te mantiene vivo otro día, es la única forma.

Nací en 1834, un emisario del Gran Espíritu. Venía de una larga línea de guardianes de medicina de la gente Navajo. Crecía más fuerte en mi visión y claridad; el miedo se estaba convirtiendo en cosa del pasado- o eso pensaba. La Larga Caminata empezó en el inicio de la primavera, 1864. Bandas de mi gente dirigidos por el ejército fueron llevado a punta de pistola y hecho caminar desde sus tierras natales en el este de Arizona y oeste de Nuevo México a Fort Sumner en Hwéeldi, el valle del rio Pecos.

Cientos murieron durante esos dieciocho días, incluyendo mi familia entera. La reubicación de trecientas millas trajo hambruna y enfermedad. Había tanto caos para todos que el programa fue abandonado sólo dos años después... y yo no estuve ahí para nada de ello. El Gran Espíritu me había dado una visión semanas antes, no de que vendría pero de que se necesitaba. Aún no había unidad entre las tribus. La confianza era algo precario y difícil de definir. Todos necesitaban sobrevivir. Yo fui llamado y dejé a mi gente para verme con otros líderes en secreto. No estaba seguro quién estaría ahí, pero algo venía, un enorme insulto a la integridad del corazón de mi gente. Es todo lo que sabía.

No me mal entiendas. La tierra había estaba sumergida en un conflicto profundo desde que nací, pero el virtuoso enfoque y trabajo con el Gran Espíritu me mantuvo inspirado y esperanzado. Eran los pequeños eventos y fracasos que me desgastaban el espíritu. Creía que mi propósito y trabajo para mi gente era sanarlos, pero una y otra vez no podía oponerme a la enfermedad, hambruna, y las armas que traían los intrusos. Para mí, el conflicto era más fácil manejar, ya que era capaz de prever muchas cosas.

Sin embargo, mientras más veía lo que se acercaba, menor habilidad tenia de controlarlo o ayudar a mis seres amados; la semilla de enojo y resentimiento fue plantada y crecía a diario, cada año de mi vida, hasta que mi ira se derrumbó. Era el inicio del verano, 1864, el día que había recibido la noticia que se habían robado a mi gente y asesinado mi familia. Fue ese día que me convertí en el Cuervo.

Recién había llegado de ver a los otros líderes de tribu para discutir nuestro problema mutuo, cuando me dieron la noticia. De alguna forma las noticias habían viajado más rápido que yo. Yo sentí que no había necesidad de viajar rápido, y me había encontrado con algunos obstáculos.

¿Cómo se me pudo haber perdido esto? ¿Había nacido y sido criado para no pasar esto por alto?

El cuervo, que viajaba conmigo y era mi compañero cercano, me había estado enseñado muchas cosas. ¿Cómo él pudo no haber visto esto? Esto estaba todo mal. Me volteé de los demás y corrí tan lejos y rápido como pude hasta que me caí sobre mis rodillas. El cuervo aterrizó enfrente de mí, y nos sentamos en silencio asordante durante algunos momentos, hasta que habló.

"Aprender a ver en la oscuridad es diferente que estar en la oscuridad."

Me sentí tan traicionado que lancé mi mano para aventarlo hacia un árbol, pero no me había percatado que él ya había volado y estaba sentado en la rama arriba de mí, fuera de mi alcance.

Él dijo, "Enfocarte en la oscuridad sólo trae más oscuridad. Ten cuidado ahora, o tu ira se retornará en tu contra.

> Convierte a tu ira en poder al enfocarlo en la abolición de ignorancia, no de la humanidad. Cuando viertes tu ira hacia la humanidad no puede hacer otra cosa más que ir en tu contra.
>
> El Cuervo

En el camino a Crowheart, había pasado el fuerte sin ser detectado. Estaba a sólo yardas del sitio de reunión. Aquellos cobardes estaba dormidos, y tantas cosas pasaron por debajo de sus narices. Antes de que me diera cuenta de mi próxima respiración, estaba parado en visión frontal de uno de los soldados, me flecha penetrando su frente, y después el próximo, y después el próximo, y después el próximo. Apenas tenía que apuntar. Cuando había terminado los cuatro solados en su puesto estaban muertos. Yo exhalé. El cuervo estaba ahora dentro de mí; podría sentir sus alas en mis brazos. Juntos nos levantamos en vuelo... y después me desperté.

Todos los líderes habían formado un circulo alrededor de mí, cuando me había caído a mis rodillas y me había desmayados algunos momentos previos. En esos pequeños momentos lúcidos antes de que fuera completamente presente en mi cuerpo, El Cuervo habló de nuevo: "Joven hombre, habrá muchas cosas sobre las cual tendrás ira en tu vida y por vidas próximas y tú has sido creado para convertir ese ira a poder no odio. Convierte tu ira en poder al enfocarlo a la abolición de la ignorancia, no de la humanidad. Cuando enfoques tu ira hacia la humanidad no puede hacer otra cosa más que darte la espalda. La ira deja de ser cuando hay conocimiento. Entonces la sabiduría se convierte en el nuevo lenguaje."

El Camino del Sanador: Dominando Tu Emoción

Dominador tu emoción sí que es algo grande y puede tardar muchas vidas. No te preocupes: sin importar cuando estés empezando, definitivamente progresarás. El primer paso es conocerte a ti misma. Aprende a prestarle atención a la serie de eventos que empiezan a ocurrir antes de que tengas un levantamiento emocional, porque siempre están ahí si las notas.

Todos tienen detonantes: los pensamientos, memorias, o creencias que inspiran enojo, miedo, ansiedad, o duelo. Tus detonantes pueden ser lógicos, como tener ansiedad al entrar en un auto porque tuviste un accidente; o el detonante puede ser ilógico, como temerle a la leche. Una persona puede tener lactofobia por muchas razones que tienen mucho sentido una vez que lo veas desde su perspectiva, pero desde una mirada inicial no tienen nada de sentido. Tal vez cuando niño eras alérgico a la leche o te enfermaba mucho, pero no te acuerdas. Tal vez, en otra vida, estabas ordeñando una vaca y se cayó sobre ti y te moriste, dejándote con una relación llena de miedo y duelo con la leche.

Ha sido mi experiencia que mucha gente con fobias tienen una marca de una vida pasada que lo explica perfectamente, pero si no ves ahí, no lo encontrarás. No importa su origen, aprender a manejar tus emociones profundas en sus inicios toma tiempo, práctica, atención, y paciencia.

Caos Es El Campo De Juego Para Un Demonio

Todo el propósito de un demonio es crear caos de la forma que le sea posible. Los demonios atacarán cualquier vulnerabilidad que tengas, sólo para crear un problema. No te preocupes: es su mente única lo que los hace inefectivos. Eso por eso que son inteligentes y tontos a la vez.

Un demonio no necesariamente te ataca directamente. A veces influenza el área gris de tus pensamientos (ilusiones), emociones (engaños), o decisiones (realidades). Ellos pueden agregar una influencia sutil a tus propios pensamientos auto deprimentes o hacerte jugar el juego de *del asno y tu*: asumiendo que sabes lo que una persona está pensando o intentado y reaccionando debido a ello.

Si no sabes lo que es normal, los demonios pueden ser exitosos en su influencia, pesando tus emociones ya sensibles contra la gota que derramó el vaso, exacerbando tu enojo, ansiedad, duelo, miedo, u otras emociones. Hay demonios cuya único propósito es amplificar lo que estás sintiendo.

> El engaño es la fase experimental de tu proceso creativo, donde el intento o interpretación de una idea es densa, tan densa que puedes cortarlo con un cuchillo. Se sentirá como si las cosas energéticas son reales o están ocurriendo y puede ser experimentado por la mayoría de los sentidos como emocionalmente y energéticamente tangibles.

¿Sabías que la palabra *ilusión* viene de la palabra Latín *ludere*? Significa jugar o divertirse. *Hmmm...* así que cuando estás experimentando ilusiones, tú estás... así que cuando estás experimentando ilusiones, tú estás *jugado* y *divirtiéndote* en tu mente o creando tu propio universo personal.

Entender el concepto de ilusión, engaño, y realidad es importante. En la psiquiatría el engaño es considerado una patología y se relaciona a enfermedad mental. En diferentes tradiciones espirituales, como el Hinduismo o Budismo, el engaño es considerado ser la esencia que nos previene reconocer la verdadera naturaleza de todas las cosas. Este concepto es difícil porque un objetivo emocional y con miedo es fácil de equivocarse y experimentar engaño como algo inapropiado, malo, o equivocado- alago que detener o vencer. Por ejemplo, no quieres tener una epifanía engañosa que puedes volar y después intentar lanzarte de un edificio por ese engaño. Nuestros juicios negativos sobre engaños son productos de nuestro hábito humano de pensamiento lineal, el cual está establecido para mantenernos vivos en cada minuto posible.

El Camino Del Sanador: **Dominando Tu Emoción**

Así que esto es lo que me gustaría hacer. Relacionarme al engaño como una parte natural de nuestro proceso creativo, lo que nos permite ser capaces de visualizar con un nivel particular de densidad, antes de tomar decisiones que hacen que la presencia de ese engaño puede impactar el mundo físico a través de nuestras decisiones. Para mis intenciones y propósitos aquí, los engaños son nuestras manifestaciones creativas que van desde cargar a los muertos hasta el proceso creativo de la estrategia.

Similarmente, el engaño es una parte natural de nuestro proceso creativo. El proceso de densidad se mueve de ilusión (estado de idea), a engaño (idea con esencia), a realidad (el resultado físico de las decisiones tomadas). La ilusión es la primera conexión de la mente al intento o interpretación del ser.

El engaño es la fase experiencial de tu proceso creativo, donde el intento o interpretación es mucho más denso energéticamente en la naturaleza y puede ser experimentado por la mayoría de los sentidos como real y emocional y energéticamente tangible, como una visión o ilusión. Esa visión es real dentro del reino donde existe, pero puede requerir de criterio muy específico para manifestarse en el mundo físico.

La realidad se define aquí como el reino físico, donde podemos ver cuales ilusiones y engaños pueden ser manifiestos o no. La idea de verdad a un nivel humano es si puede ser manifestado físicamente, y la idea espiritual de verdad es que no hay separación en absoluto entre nosotros y el Creador. Es ilusión, engaño, y realidad lo que llena la brecha entre los dos conceptos de la verdad.

> EL PROCESO DE PENSAR, LOS KAHUNAS CREÍAN, ERA CREAR FORMAS DE PENSAMIENTO. Y, COMO LA MAYORIA DE LOS PENSAMIENTOS VIENEN EN TREN Y EN RELACIÓN A OTROS PENSAMIENTOS, LOS CUERPOS SOMBRÍOS DE PENSAMIENTOS (FORMAS DE PENSAMIENTO) SE AGRUPAN EN MONTONES.
>
> BRAD STEIGER, *KAHUNA MAGIC*

El Propósito de la Emoción Y su Impacto sobre la Percepción

La ilusión es el primer paso en el proceso creativo; también lo podemos llamar imaginación. Cuando inicias con un nuevo concepto o idea, el próximo paso en el procesamiento de esa idea ocurre cuando tu espíritu determina el propósito y la posibilidad de manifestar esa idea.

Las escrituras de Max Freedom Long sobre Huna explican bien este concepto al desglosar como el *ser* procesa la información en tres aspectos: lo bajo, lo medio, y lo más alto del ser (y cómo se comunican). Cuando una nueva idea entra al sistema a través del ser más alto, es primero mandado al ser más bajo (conectado a las emociones) para determinar cualquier obstáculo en su creación. Basados en la información valorada ahí, el medio ser (conectado al cuerpo e implementaciones mundiales) puede trabajar.

Pongamos una imagen sobre esto: digamos que quieres estar en una relación romántica. Conoces a la pareja de tus sueños, y sales en algunas citas. La siguiente respuesta natural es comenzar a repasar en tu mente todas las razones por las cuales él o ella no es lo suficientemente bueno. ¿Alguna vez lo has hecho? El hacer eso es la forma natural de procesar nuestra capacidad física para el objetivo que tenemos en mente y precisarnos en los detalles del objeto de nuestra duda.

¿Cómo se ve cuando un demonio ataca tu imaginación?

Ahora, si estás experimentando un ataque demoniaco, el mismo proceso puede ser exacerbado e intensificado. Ya sea que estés teniendo intensamente pensamientos muy negativos, o pensamientos ciegamente positivos, de cualquier forma, el proceso no es completamente racional y no está de acuerdo a la información factual disponible. Recuerda, un demonio quiere crear caos- punto. Este caos puede ser creado digamos, por, tener que meterte en una situación que te cause estar incómodo e infeliz, o tal vez te detiene de aquella cosa que te traerá felicidad.

¿Cómo se ve cuando Un demonio ataca tus visiones?

El engaño son las imágenes de ilusión con esencia; también las podemos llamar visiones. Por un periodo de casi seis meses en mi vida tuve visiones de chocar a alguien con mi coche. Por supuesto, no tenía interés en ello, pero el pensamiento y visión me seguían, y de hecho, tuve tres buenas oportunidades de estar en algún tipo de accidente pero me salí de cada una. Oraba cada vez que me subía al auto que no le pegaría a nadie y que nadie me pegaría a mí. Era más difícil manejar de noche porque mi clarividencia apenas se había abierto. Aún no estaba acostumbrada a ella y en la noche especialmente siempre veía gente (espíritus) en la calle. No puedo decirte cuantas veces me paré en medio de la calle porque vi a un hombre caminando pero que no estaba realmente físicamente ahí.

Tontamente, le señalaba a los otros conductores como, *Si, estoy bien. Nada que ver aquí... Seguiré manejando ahora.* Y con una pequeña gesta, seguiría por la calle. Mi corazón latía tan fuerte cada que eso pasaba. Se puso tan mal que no podía manejar de noche, y cuando tenía que salir a la tienda o al banco, intentaba salir entre las cinco y las siete en la mañana cuando no había mucha gente real afuera.

El otro elemento de ello era el miedo. Me encontraba bajo ataques demoniacos mucho en ese entonces, y mi miedo se amplificaba por diez. Aunque estaba segura que golpear y lastimar a alguien no era una opción para mí, pensaba mucho sobre ello, y creaba una cantidad enorme de ansiedad. La primera oportunidad llegó cuando estaba en una calle concurrida con las cuatro direcciones de la intersección atascadas. Tenía la luz verde y me movía lentamente por la intersección cuando me di cuenta que un sujeto opuesto a mi justo volteando hacia la izquierda y no parecía estar bien. Apenas comenzaba a entrar en la intersección y él empezó a girar hacia la izquierda. Cuando el tráfico estaba lado a lado, esto simplemente no era una decisión racional de su parte; realmente no había donde él podría ir aparte de chocar conmigo.

Presioné fuertemente en el claxon y dije en voz alta, "¡Detente! ¡No avances!"

Eso pareció por un pequeño momento, parar su momento, y después justo cuando salí de su rango de movimiento, continuó con su vuelta hacia la izquierda y le pegó completamente a la chica en el Honda atrás de mí, girando a ambos en direcciones opuestas por la intersección.

Estaba asombrada. Pasé la luz y me salí hacia la derecha para ver si la chica estaba bien. Su coche había salido girando y chocó contra una defensa, activando las bolsas de aire. Me sentí tan mal, porque definitivamente pudo haber sido yo. El hombre, sin embargo, no lo logró. Se salió girando y pegó contra un poste. Yo creo que pudo haber tenido un infarto. Sólo vi al departamento de bomberos irse con su cuerpo sin vida. Me mantuve firmemente plantada con la chica en el Honda por muchas horas hasta que su familia pudo venir por ella; el coche estaba destrozado, pero por fortuna ella no tenía ni un rasguño.

Después de eso, estuve aún más híper-vigilante. El miedo era tan grueso como concreto, y me sentía mal del estómago cuando tenía que salir al mundo con mi coche. Fue una experiencia muy única. Parte de mí se sentía segura de que no lastimaría a nadie o ser herida yo. Esa misma parte de mí se sentía en paz y consciente de mí alrededor ya que todo el tiempo estaba segura en mi comando de mi mundo.

También había la otra mitad de la experiencia, la parte donde me sentía ansiosa y con miedo todo el tiempo, la parte de mi misma que los demonios alrededor de mi podían influenciar con su constante ataque de duda. ¿Se me pasaría algo, un signo, un evento? ¿Pasaría algo malo si no prestaba atención al tipo cruzando la calle? Todo lo que podía hacer en ese entonces era reafirmarme una y otra vez que no iba a pasar. *No era opción.*

Después vino la segunda prueba de mi fe: saliéndome lentamente del estacionamiento del banco, cruzando la calle para salirme, vi a un hombre en una bicicleta a unos diez pies de distancia. El literalmente empezó a pedalear hacia mí, yendo directamente al lado de mi vehículo, y ladeándose en su bicicleta por la parte frontal del coche, sólo se cayó.

De nuevo, esto no tenía sentido, era como un sueño ridículo, en cámara lenta, pero a pesar de eso estaba pasando. No había forma que esto fuera lógico. Se vio claro que este sujeto no tramaba algo bueno, buscaba una compensación del seguro.

Hmmm, yo pensé, no estoy segura qué hacer aquí.

Puse a mi coche en park, me salí del coche, y vi a donde él estaba en el piso y le pregunté si estaba bien. La voz en mi mente me dijo que llamara a una ambulancia.

Él dijo, "Sí, estoy bien."

Le dije, "¿Quieres que llame a una ambulancia?"

"No, estoy bien."

Otra vez, la voz en mi cabeza dijo. *Llama una ambulancia.* "Sabes, voy a llamar a una ambulancia. Necesito saber que estás bien."

Lo ayudé a que se sentara sobre la silla cerca del que atendía en el estacionamiento, esperamos ahí por la gente de emergencia. Él estaba bien y se negó ir al hospital por rayos X. Después de que intercambiamos información, él se fue. El bombero me dijo que estaba seguro que el tipo buscaba cobrar algo al seguro. Él dijo que estuvo bien que llamara a los paramédicos, el hecho de que no necesitara y se negara al servicio eliminaba cualquier posibilidad de que me demandara. Mi aseguradora le pagó a los paramédicos y eso fue todo. Y no lo sabrías, el tipo regresó y le dijo al que atendía el estacionamiento lo enojado que estaba que no le pagaron. Segundo strike evitado.

La última vez fue en una mañana temprana de Octubre. Debía haber sido como las siete de la mañana o algo similar. Mientras manejaba por la calle principal por donde vivía aún no había tráfico, pero me di cuenta que mi pie empezó a pisar el freno. Estaba saliendo de la vuelta donde debía de haber una luz en unos cien pies, pero aún no la podía ver. Me frené casi hasta alto justo cuando vi la intersección. Había un policía dirigiendo el tráfico, y justo a la izquierda en medio de la intersección había una persona completamente cubierta con una sábana. Mi mirada se encontró con la de policía justo cuando iba cruzando, y justo cuando lo pasé empecé a llorar. Lloré hasta llegar a mi próximo destino. Sabía que había terminado. El hombre tirado en la calle había sido golpeado por alguien más. Ore por él, su gente querida, y el policía esa noche. Ya nunca me preocupé de atropellar a alguien desde ese entonces.

Engaño y Emociones Cargadas

El remedio en distinguir emociones cargadas es ser honesta sobre tus sentimientos y expresarlos de forma productiva. Trabajé con una clienta, Marrisa, una joven ejecutiva de negocios, ella era asombrosa, muy amable y era una joven mujer con mucho enojo. Tanto de hecho, que casi cualquier cosa lo detonaba.

La cosa más importante que debes saber sobre la gente enojada es que no sólo están enojadas. El enojo sale del deseo de una persona de sanar el dolor. La expresión del enojo te levanta del elemento de dolor hacia una nueva energía; la intensidad del enojo se basa directamente en la densidad del dolor que está transformando. Así que si estás profundamente perdida en dolor, el enojo pasará a ira; sentimientos lastimados se pasarán a irritabilidad; y así.

A través de nuestro trabajo descubrimos que el denominador común más bajo era que ella sentía como si fuera una carga para todos. Porque ella se sentía como una carga, no se sentía lo suficientemente bonita, o inteligente, graciosa, feliz, poderosa, valiosa, y muchas otras cosas. Casi cualquier cosa que alguien le dijera lo sentía como un insulto. En cuanto se sintió insultada por fuera, ella recordaría la carga que sentía por dentro y se desataría su ira, frecuentemente no recordando nada de lo que dijo o hizo mientras estaba en ira. Conforme esta dinámica comenzó a despedazar todas las relaciones en su vida, se volvió más enojada y confundida. En nuestro trabajo empezamos a rastrear hasta donde ella sentía emociones cargadas.

Las emociones cargadas ocurren cuando la cantidad de sentimiento -enojo, duelo, ansiedad, o miedo- no es racional para la situación o la memoria. Una cantidad racional de emoción es la cantidad de emoción que esperarías en la situación o al revivir la memoria. No es lo que otros esperarían por ti, o lo que ellos sentirían, pero lo que tú esperarías sentir. Tenemos un barómetro emocional natural dentro de nosotros que nos permite sentir intuitivamente cuando nuestras emociones están cargadas por otras influencias, a veces por otra gente y sus sentimientos, o por capas de trauma y emoción no expresadas de esta o una vida pasada, o a veces por influencias de otro mundo.

Marrisa se dio cuenta de una ida pasada que vivió en América del oeste en los años 1800 durante una sequía. La comida estaba escasa, y no había comida suficiente para alimentar a todas las bocas en la familia, dejándola con el sentimiento de ser una carga. En esta vida, ella tenía un desorden alimenticio junto con muchos otros problemas de salud y relaciones conflictivas con ambos papás. Todas esas cosas, juntadas con la energía demoniaca que la seguía, la dejó vulnerable y cargada emocionalmente.

Conforme nos reconciliamos y descombramos la vida pasada, ella encontró que era más fácil manejar su relación con la comida, y se hizo claro para ella que mucho de su estigma de carga no estaba relacionado con sus papás, por ende permitiéndole cambiar su dinámica con ellos. Toda esta disminución del peso de su emoción le ayudó a reconocer cuando ella estaba siendo visitada o dirigida por el demonio que la seguía, dándole más poder sobre la situación. Conforme se equilibraba emocionalmente, y conforme el duelo de esas cosas han sido procesadas, el demonio ya no podía tener impacto.

> El duelo en como una bolsa de doscientos libras de arroz; con cada expresión emocional de duelo, un plato de arroz es cocido y comido. Una vez que arroz se acaba... el arroz se acabó.

Viajes Emocionales No Expresados

Aunque podemos cargar cualquier tipo de sentimiento con nosotros hacia otras vidas u otras experiencias, las emociones más densas como miedo, ira, y duelo se pueden multiplicar con el paso del tiempo y espacio para crear lo que hoy puede existir como una entidad. Los siete pecados capitales son un modelo perfecto para usar para poder entender el origen de las entidades que llamamos demonios. La energía de ira, codicia, pereza, orgullo, lujuria, envida y gula se pueden manifestar como criaturas de la percepción de una persona sobre esas energías.

Una vez, al inicio de mi carrera, tuve una interacción con un vecino que entendía que me ganaba la vida como espiritualista. Para él, ese entendimiento era muy limitado. Me levanté una mañana conforme di mis vueltas por la unidad; vi que él me dio una mirada mientras él se paraba por la reja con un vaso de café. La intensidad de la mirada captó la atención de mi ojo y me enfoqué y vi que no era él. Era una criatura que estaba pegada a él.

Gary era un marihuano dócil que se la pasaba despierto en la noche escuchando música y pasando el rato con sus amigos. Al menos eso es lo que había visto de él hasta ahora. La mirada a través de sus ojos en esa mañana no era eso. En mi tercera vuelta, decidí que sería importante confrontar lo que fuera esa cosa, mejor pronto que tarde.

En mi cuarta vuelta, viendo su mirada viciosa, me acerque a él y dije, "¿Entonces… tienes algo que decirme?"

Su repuesta fue dura, rápida, y un poco incoherente. "Yo sé lo que eres. Eres una psíquica, bruja y lectora de tarot [él lo pronuncio tir-rot] que se roba cheques del seguro social de las viejitas."

El continuó diciendo algunas otras frases vulgares sobre quien era, y seguía hablando enojadamente, empecé a sentir la sensación de mi espíritu jalando del poder del universo. La sensación se levantó en mí como si viniera del centro de la tierra. Mi corazón se abrió, levanté mi mano, y apunte hacia él, como para dirigir la energía que sentía.

"Tú…no…me…joderás…." Pronuncié cada palabra lentamente y deliberadamente con un tono firme y plano.

Pareció como si no fue escuchado por nadie más sino él, como si para los otros viendo este intercambio fuera sólo una conversación regular. Después regresé esa energía y le di la espalda sobre mi talón con un ligero brinco en mi paso y una risa tan grande que tuve que contarla hasta que me alejé, regresando a mi departamento a sólo unas puertas.

Mi risa se convirtió en un enorme sentimiento de alegría mientras me sentaba en mi departamento y pensaba, *¿Qué demonios acaba de pasar?* En lo que se sintió como una hora, la información llegó es que había una entidad que él había estado cargando por mucho tiempo que lo protegía de la revelación. También entendí que su espíritu había estado deseando liberar la entidad por un tiempo, pero que su consumo diario de marihuana lo mantenía cubierto.

Mientras tenía la conversación con su espíritu en mi cabeza unos diez minutos después, escuché un tocado valiente en mi puerta. Era Gary. Él inmediatamente se disculpó. Él dijo que habíamos iniciado mal y que si podíamos platicar por uno minuto. Lo invité a que pasara, y se sentó en el sillón enfrente de mí.

Durante nuestra conversación, la cual realmente duró casi una hora, presencié algunas cosas diferentes sucediendo. Él hizo la mayoría de la charla y decía cosas buenas y amables, a llamarme una neófita y haciéndome saber que era inferior a él. Era realmente fascinante. Sabía que la entidad que me había encontrado aún estaba ahí, y que el hombre estaba haciendo su mejor esfuerzo para controlarlo. Pensaba, de qué exactamente estaba buscando librase, si no era la criatura con la que estaba luchando. Pronto se fue y me senté en el sillón. Nunca realmente dándose cuenta de loa cansada que estaba. Había pasado a menos un par de horas cuando el teléfono sonó. Era uno de mis colegas psíquicos. Estaba demasiado casada para contestar y dejé que la maquina contestara.

En ese entonces era realmente una maquina contestadora, y escuché su mensaje fuerte y calor: *¿Tracee, estás bien? ¿Qué está pasando allá? Algo está en tu departamento. Regrésame la llamada.*

En ese momento, entendí. Cerré mis ojos y sentí el peso enorme sobre mí. Sólo con mi reconocimiento de su presencia, empezó a levantarse de mí. Conforme se levantaba, vi una gran bola de energía verde mugroso. Tenía una sonrisa sobre su cara mientras flotaba más lejos de mí; de hecho sonrió, saludó, y se fue bailando. Como diciendo, *Gracias por la ayuda.*

Después le pedí a San Miguel que ayudara a que la criatura sea transformada a energía usable para el universo. Creo que es mejor ser minuciosa. Ahora mi consciencia se regresó al sillón y a mi cuerpo tendido sobre este. Me sentí más liviana y ahora completamente despierta y feliz. Llamé a mi amigo para agradecerle que me prestara atención, y que todo estuviera bien.

Mientras me sentaba y reflejaba sobre la experiencia y la naturaleza de la criatura, la energía dominante estaba más cerca de la gula, el tipo de cansancio y apatía que te agarra después de una gran comida multiplicado por mil. Era como si varias cobijas húmedas que estaban lo suficientemente calientes para ser tolerables y lo suficientemente pesadas para que perdieras el interés de quitártelas de encima. Después de que reconocí la naturaleza de la energía y después de que había sido liberada, perdí visión de esto completamente. Mi trabajo había terminado y mi relación con mi vecino regresó a ser tan neutral como si no hubiéramos tenido interacción.

Convirtiéndome en Psíquica

Cuando experimentas tu primera desviación cuántica hacia consciencia a otros niveles, es fácil convertirte en un sabelotodo. Tu primeras experiencias son sobre cómo aprender a leer las situaciones y a ti misma, y aprendiendo a confiar en tus instintos. Sin embargo, recuerda que todas tus experiencias no se tratan de lo que tú sabes sobre los demás a través del proceso; es lo que aprendes de ti misma.

Cuando recibes introspección sobre alguien, siempre pide su permiso antes de que puedas compartir esta introspección con ellos. No es tu trabajado iluminarlos; puede que sólo sea tu trabajo mantener su secreto. Si ellos quieren saber y les dices, está consciente de su respuesta. Cualquier resistencia a la información no es una negación de su parte, ni tú estás mal sino algún término medio.

Recuerda, la experiencia está pasando para que tú puedas aprender sobre ti mismo. La resistencia es un indicador que la información está buscando abrirse y expandir *tus* creencias y visiones, no los de la otra persona. Cuando te detienes en intentar hacerlo sobre la otra persona, pierdes perspectiva y te pierdes el punto. Mantenerte enfocada en tu conocimiento de ti misma es la distancia más corta entra A y B.

> El significado espiritual del Cuervo es uno del vacío, un lugar en medio, donde el tiempo no es lineal y experiencias no resueltas del pasado viven en cuerpo con el presente y crean el futuro, un sitio donde integridad, autenticidad, y responsabilidad son reyes. Un tótem merecedor de asombro aparente, El Cuervo representa al mismo Creador.

Comunicación Telepática- El Mirador

La telepatía es la forma dominante de comunicación, estés o no consciente de ello. Hemos hablado mucho antes de que cualquier comunicación verbal ocurriera. Mientras te conviertes consciente de este hecho, tu cabeza puede volverse muy concurrida. Teníamos un chiste local, mi hermana y yo. Habíamos salido un día por café en una cafetería muy colorida. Digo, los clientes. Bastantes estudiantes, gente de negocios, indigentes, y algunos criminales, estoy segura. Todo el mundo bebe café. Mientras estábamos paradas en la fila, un hombre que aparentaba estar en la sexta década de la vida y que aparentemente no se había bañado en días, camino al lado de mí.

Mientras estaba conversando con uno de los de su elenco en su cabeza, él dijo, "Cristina Aguilera es mi novia." Y después volteó hacia mí y dijo (mientras apuntaba a su frente con dos dedos de su mano derecha). "Ella me va llamar al rato."

Oh no, la creación anterior- nos reímos tan fuerte que lloramos. Y cuando partimos ese día hicimos el gesto de dos dedos en la frente, "Te llamaré al rato."

¿Quién sabría que la frase se convertirá en una frase tan integral de mi vida? Cuando mi mamá se enfermó, yo le decía, "Oye, Mamá, te llamaré [dos dedos en la frente] al rato," y ella sólo se reía. En sus últimos meses, ella estuvo en el hospital por unas semanas. Ella había empezado a entrar y salir del mundo físico en su consciencia espiritual. Cuando regresaba a la casa o sólo salía del cuarto, ella decía, "Oye Trace, te llamaré al rato."

Su consciencia espiritual se expandió al punto donde ella seguido pensaba que estaba en la ciudad o en el cuarto cuando realmente estaba en LA pensando en ella y hablándole en mi cabeza. Estoy tan agradecida con este sujeto en la cafetería. Se lo digo todo el tiempo.

Discernir es clave

Cuando tu atención está enfocada en el mundo físico, tu cuerpo de energía aún está abierto a recibir mensajes. Así que cuando ves a esa persona indigente loca en la calle, él no está más loco que tú; él sólo tiene una consciencia con toda la información que está llegando y está en el proceso de aprender como asimilar e interpretarla. Algunas personas ya saben cómo hacer esto y otras personas no. Es por esto que conocerte a ti misma y tus huellas es tan importante: ser capaz de discernir tu energía en la de otros te permite no ser movida por ella.

Por ejemplo, puede estar parada atrás de ese sujeto enojado en la fila para pagar y de la nada tornarte irritable porque la fila no avanza lo suficientemente rápido. Cuando te das cuenta que no entraste enojada y que tienen tiempo, eres capaz de soltar ese enojo antes de que lo tomes y reacciones por él. Entender que esta es la forma por la cual trabaja también te ayuda a darte poder para responder en todo tipo de situación.

Tu vibra es muy poderosa

Un día a media mañana, estaba saliendo de Carl's Jr. Y fui la primera persona en detenerme en la luz roja. Un pequeño sedan color rojo con un niño adolescente manejando estaba esperando en el carril para ir a la izquierda, con la luz verde, adyacente a mí. Atrás de mi llegó una camioneta más vieja pero también roja, siendo manejada por uno hombre de unos treinta años. De repente el hombre en la camioneta, quien estaba en parada completa, se salió de su vehículo y aventó una lata llena de Coca-Cola hacia el coche del joven. En este momento preciso, el carril del joven se libró y se fue, hizo su vuelta hacia la izquierda, se paró a unos veinte pies de mí, y salió del coche. Él miró hacia arriba en furia y después se lanzó hacia el asiento trasero de su coche, como si buscara algo. Estaba segura que iba a sacar una pistola.

Ahora, mantente en mente que yo estoy situada justo en la línea del fuego de su conflicto. Hasta las dos personas paradas en la esquina de la calle automáticamente se agacharon para esquivar las balas que iban hacia el hombre de la camioneta roja que todos pensábamos que venían. En una fracción de segundo, mientras veía a este joven a través de mi espejo lateral izquierdo, decidí que no tenía interés en ser una baja. Empecé a hablarle a este joven, atrapado en su enojo, en mi mente.

Le dije a él, *No tienes que hacer esto. No lo vale. Tienes gente en tu vida que te aman y se preocupan por ti. En el mejor de los casos te irás a la cárcel, en el peor alguien morirá. ¡Te amo!*

En ese momento el joven salió de su asiento trasero viéndose confundido, como si alguien se hubiera robado sus pensamientos y no recordara lo que hacía. Se paró ahí por un minuto, y después se subió a su coche y se fue. El otro idiota en el carril afortunadamente tuvo que esperar la siguiente luz. Giré hacia la derecha y manejé sin objetivo por diez minutos mientras lloraba. Estoy segura que esquivamos una bala ese día. Literalmente.

> Cuando tiene una fuerte creencia sobre algo, intentar cambiarla puede ser muy frustrante. Debes saber que hay un sentido natural de lealtad de uno hacia sus creencias, al igual que un sentido de traición (a ti y a otros) si los cambias. Recuerda, el duelo es parte de cualquier transición, pero soltar la vieja creencia anticuada y tomar la nueva... siempre lleva a más: alegría, amor y aceptación. Sólo más.

El Lema del Sanador: No Estoy Definida por Mi Mundo

Toda su vida, Shelley intentó hacer más y mejor que antes, a ser más grande y mejor que antes. Pero sin importar que tan duro intentaba, nada jamás se sentía lo suficientemente buena. Ella parecía provocar decepción y crítica de muchos que la conocían. Un día, en completa alteración, ella se dio cuenta que no podía vivir con el peso de ser una decepción más. Ser un peso ya no era opción. Después de un poco de exploración espiritual, ella se dio cuenta que la cuestión no era cómo hacia las cosas, o el nivel de éxito o impacto sobre otros. La cuestión era que estaba decepcionada con ella misma y esperaba decepcionar a otros. ¿Cómo podía estar satisfecha con algo mientras inconscientemente pensando que cualquier cosa que hiciera, no era lo suficientemente bueno? Esta fue la epifanía que la abrió al trabajo real. ¿Por qué siempre se sentía como una carga?

El Lema del Sanador:
No estoy Definida por Mi Mundo

Encarcelado por tus creencias

Espiritualmente, nuestra alma viene con diferentes pensamientos y creencias de nuestra historia espiritual, y nuestra ADN está marcada con nuestra historia ancestral. Después de que nacemos, estamos marcados con creencias, valores, e ideas de nuestro ambiente, familia, y amigos. Es la armonía o conflicto de estas creencias que nos da la forma de lo que somos, eso nos puede proteger o hacernos vulnerables al diablo.

CONFORME EL HOMBRE AVANZA EN CIVILIZACIÓN, Y TRIBUS PEQUEÑAS SON UNIDAS EN COMUNIDADES MÁS LARGAS, LA RAZÓN MAS SIMPLE LE DIRÍA A CADA INDIVIDUO QUE EL DEBERÍA EXTENDER SUS INSTINTOS SOCIALES Y SIMPATÍAS A TODOS LOS MIEMBROS DE LA MISMA NACIÓN, AUNQUE PERSONALEMNTE SEAN DESCONOCIDOS PARA ÉL. UNA VEZ LLEGADA A ESTE PUNTO, SÓLO HAY UNA BARRERA ARTIFICIAL PARA PREVENIR QUE SUS SIMPATÍAS SE EXTIENDAN A HOMBRES DE TODAS LAS NACIONES Y RAZAS.

CHARLES DARWIN

El Pacto del Sanador: Cúrate a Ti Misma

Curarte puede ser un proceso de toda la vida. ¿Cómo se ve ser sanada? ¿Cómo se siente ser sanada? ¿Emocionalmente, aún sientes enojo, ansiedad, y duelo cuando eres sanada? Bueno, en resumen, ser sanada realmente significa ya no ser detonada por, o estar apegada a agarrando o reprimiendo, tu emoción profunda. El sentimiento es la forma por la cual te conectas a ti misma, al mundo, y al Creador. El sentir es algo que siempre serás capaz de hacer. La meta es experimentar lo que sientes completamente, sin dejar que tus sentimientos dicten el show.

Batallas Diarias de un sanador

Situaciones de todos los días pueden salir mal. Una decisión que cada uno de nosotros tomará periódicamente, si no diariamente, es si nos involucramos en una situación que no aparente incluirnos. Eso nos lleva a dos preguntas: ¿A qué punto o bajo qué circunstancias cambiamos como vemos el ser incluidas en situaciones que podemos ver o encontrar? ¿Y cuando empezamos a retar nuestras ideas basadas en el miedo sobre estar involucradas?

En mi filosofía, si yo veo, escucho, o soy testigo, estoy incluida. ¿Hay posibilidad que en lugar de huir del miedo de nosotros mismos, nos veamos el uno al otro en compasión y promovamos y requerimos más del uno al otro? ¿Y en amistad, siempre dices lo que sabes? ¿Puedes apoyar a tu amistad sin tomar lados? ¿Dicen que cuando sabes mejor, haces mejor? ¿Así que es demasiado pedir que estemos dispuestos a arriesgar educar el uno al otro para hacer las cosas mejor?

El Pacto del Sanador: **Cúrate a ti Misma**

Hace varios años terminé en un dilema común. Mi novio estaba teniendo relaciones sexuales con muchas otras mujeres y mintiendo. Me di cuenta al recibir un mensaje de texto con unas fotos de sus genitales de su conquista más reciente. Tan feo como fue, lo había sospechado y rezaba cada noche por la verdad inequívoca hasta que llegó. Y la verdad estaba parcialmente erecta y absolutamente inequívoca.

Ahora por un poco de historia de fondo: Resultó ser, que una de mis amigos y colega de mucho tiempo conocía a mi novio y habían sido amigos desde la infancia. Mi colega había dicho una y otra vez la suerte que tenía su amigo al tenerme en su vida. Después del incidente, luché y luché con decirle. Habíamos tenido una relación algo cercana y muchas conversaciones previas sobre asuntos personales. Supuse que eventualmente él preguntaría sobre él y nuestra relación. Finalmente, el día y dialogo llegó.

Con mucha resistencia, le dije lo más destacable de la historia. Y lo que vino después fue algo sorprendente. Sintiendo el incómodo silencio del remordimiento, le dije, "¿No te debí de haber dicho?

Su respuesta fue, "Bueno, es lo que es. No voy a tomar lados de ninguna forma."

Interesantemente, estas pocas palabras fueron más destructoras que el mensaje de texto. No estaba buscando que tomara lados. ¿Digo, realmente, cómo puede uno tomar un lado en esta circunstancia? Creo que fue el tono en su voz y lo que parecía ser una falta de cariño y compasión. ¿O fue la brisa fría que vino sobre él mientras lo decía? ¿O fue mi ilusión de la persona que creí conocer? Todas estas preguntas corrían por mi mente. Después vinieron más preguntas: ¿Qué le debí de haber dicho? ¿Su lealtad claramente se fue a su amigo… o sí? ¿Por qué se presenta como amoroso y compasivo que me quiere como amigo, él debió de haber mostrado eso en esta situación? ¿El parecía tener una opinión sobre la situación antes de esto?

¿Y aún más, debió de haber dicho, "lo siento que mi amiga sea tan nefasta?"

¿Puedes mostrar cariño y compasión sin la apariencia de tomar un lado?

Wow, el movimiento en mi cabeza estaba agitado.

> ¿Sabes que la vida no siempre es así? ¿Que, hablando filosóficamente, cuando te metes en frente de otros, otros eventualmente se meterán enfrente de ti? ¿Qué cosas pequeñas se harán en cosas grandes? ¿Qué cosechas lo que siembras?

Todos los días, tenemos la oportunidad de dar un poco extra a cada uno, y no lo hacemos porque no creemos que tengamos el tiempo, recursos, la habilidad, o el corazón. O simplemente la ilusión que mostrar compasión es lo mismo que un acuerdo o alianza. ¿Y qué de mi responsabilidad? ¿Debí haberle hecho caso a mi instinto en no decirle, para salvarme de más decepción? ¿Me refiero, los amigos quieren saber estas cosas del uno y el otro? ¿Y además, él no podía saber cómo está su amiga? ¿Debía haberle dicho como me sentí sobre su respuesta? ¿O todo pasó perfectamente para que tú y yo pudiéramos tener esta conversación? Yo realmente quería algo de sabiduría aquí.

Y unos días después llegó. Parada en la eterna fila en el aeropuerto, estaba a unos cincuenta pies de donde empezaba la fila y de repente un hombre joven se acercó y se metió enfrente de mí. Él no pudo haber tenido más de diecinueve y era un poco imponente, con una altura de unos seis pies tres pulgadas, pesando trecientas libras, y portando al menos cinco tatuajes que podía ver.

En asombro me le quedé viendo, y él dijo, "¿Cómo te va?

¿Le dije, "Bien, y a ti cómo te va? En admiración de su audacia.

¿Después yo pensé en mi situación, y que si alguien nunca dice nada, cómo va cambiar el mundo? Miré al joven hombre, y empezó el movimiento. ¿Qué debo hacer? ¿Le debería decir que la línea termina por allá? No, el parecía un poco esponjado como si fuera a decir algo. ¿O eso sólo era mi inseguridad y sus tatuajes hablando?

Yo realmente no le tenía temor- el traía una camisa morada brillante, por Dios. ¿Digo, la gente violenta usa morado? ¿Él ya sabe dónde iniciaba la fila? Claro que sabe.

Dios mío, esto se estaba convirtiendo en un dilema en mi mente. No quería ser una de esas personas quienes no les importa o que no hacen nada.

Así que detuve el movimiento y aquieté mi mente. No dije nada pero me mantuve cerca mientras caminábamos la fila juntos. Él me volteó a ver un par de veces irritado de mi mirada penetrante. Me pregunté cuál era la base de esto. ¿Fue realmente que podía meterse en frente de mí? No, era su ilusión que tomar ventaja de la gente y situaciones sólo lo hacía poderoso. ¿Eso era? Entonces, ya que tenía su atención telepática, le tenía unas preguntas.

> ¿Sabes que la vida no siempre es así? ¿Que, hablando filosóficamente, cuando te metes en frente de otros, otros eventualmente se meterán enfrente de ti? ¿Qué cosas pequeñas se harán en cosas grandes? ¿Qué cosechas lo que siembras...?

Hombre, estaba un poco alterada. Mientras nos movíamos hacia el edificio donde había muchos agentes de seguridad, yo reconsideré la idea de decirle algo, y después me di cuenta de su boleto. Su nombre era Jared. Él tenía un boleto de la vieja escuela, así que claramente no era un viajero frecuente. Tal vez realmente no sabía dónde empezaba la fila. Qué tal si decía algo groseramente y lo hacía sentir mal. A esta realización, de repente me sentí calmada. Claramente era importante para mí verdaderamente considerarlo a él también; de otro modo, supongo que sería como él. Mi corazón se sintió en paz. También me sentí contenta sobre mis palabras telepáticas a la mente de Jared, y mantendré esa intención para él hasta que esté listo para escucharlo en el mundo real. Que viaje tan ridículamente profundo fue para mí.

Ser un sanador o un observador

Un dilema que creo que todos se han encontrado a menos una vez en sus vidas es si entrar o no en una situación en la que realmente no formas parte, tratándose de alguien a quien quieres. Ha habido un par de experiencias en mi vida con amigas y sus novios, donde el novio hizo una propuesta muy inapropiada hacia mí, y lo rechacé completamente.

En ambos incidentes el alcohol estaba involucrado, y cuando me fui hacia ambas amigas para decirles, "Oye mira, lo siento, pero tu chico se me aventó anoche," ambas mujeres me respondieron de la misma manera: dándome gracias por decir algo, disculpándose por su hombre, y después ya nunca más hablándome.

Era una tirada en cuanto a cómo alguien respondería a la situación, pero para mí, no había otra acción más que divulgar la verdad y dejar que todo saliera como podía. Yo realmente apreciaba decir la verdad. Ahora creo que hubiera preferido una llamada a una foto de un pene, pero si pedí que no hubiera ambigüedad.

Sin importar donde te encuentres en esto, yo mantendré un espacio para que tengas tiempo para hacer el esfuerzo, para tener el recurso de valentía y sabiduría para participar, y desarrollar la habilidad de confianza para saber que no sólo estás haciendo la cosa correcta, pero también para saber que no sufrirás por ello. Al menos, mantén la intención de la verdad para ti misma o alguien más. Tal vez de esta forma el mundo cambiará.

> LA CREACIÓN HABLA CON UN IDIOMA UNIVERSAL INDEPENDIENTEMENTE DEL HABLA O LENGUAJE HUMANO, TANTOS Y TAN VARIADOS COMO PUEDEN SER. ES UN SIEMPRE EXISTENTE ORIGINAL, EL CUAL TODO HOMBRE PUEDE LEER. NO PUEDE SER FORJADO: NO PUEDEN SER FALSIFICADO: NO PUEDE SER PERDIDO: NO PUEDE SER ALTERADO: NO PUEDE SER SUPRIMIDO
>
> THOMAS PAINE

Jurisdicción: Hazte Cargo de ti Misma

Justo cuando una roca golpea el agua, crea una ola irrevocable. No importa que, el agua no puede ser desmovida. Eso es lo que pasa cuando tomamos una decisión. La decisión es una fase en el proceso creativo en el cual algún tipo de decisión es hecha o una acción tomada que hace un cambio significativo e irrevocable. Aunque todos los efectos de esas decisiones pueden ser compensadas por otras decisiones, nunca nos podemos deshacer lo que ya has aprendido. Esa es la definición de karma. No conoce ni tiempo ni espacio. Las reacciones a las acciones permanecen hasta que son neutralizadas, o son llevadas a equilibrio por nuevas acciones. Tu habilidad para decidir, entonces, se convierte en el recurso más importante que tienes. Aún en situaciones donde puede parecer que no tienes opción, siempre tienes opción de como encontrarás aceptación de la situación.

Rendirse está vinculado cercanamente a la decisión, porque si no has aceptado la situación actual, eso significa que no estás en tiempo presente. Vivir en él ahora es una de las pocas palabras celebre que escuchas mucho estos días. Sin embargo la palabra *ahora* conlleva un golpe. Si no está presente a tu situación, entonces estás procesando el pasado, o preparando el futuro. Tanto procesar el pasado como preparar el futuro son partes importantes del proceso que le da la fundación para decisión. Por ejemplo, *empacar* para tu vacación no es *ir* a tu vacación.

No te preocupes: Sólo es tu imaginación

Los demonios se pueden aprovechar de más sobre tu proceso creativo ya que es lo más cercano a su dimensión. Ellos se aprovechan ampliando tu miedo y pensamientos negativos hasta llevarlo al punto que tus miedos parecen manifestarse. Hay demonios específicos para quienes esta es la única actividad en la que participan. Hay una razón por la cual es fundamental entender y saber tus fortalezas y vulnerabilidades y ser claro sobre el camino del proceso creativo. No hay duda porque los artistas a través de la historia han personificado al Diablo y batallas demoniacas con arte. Aquellos bastardos desesperadamente no quieren que pienses claramente, expreses tu verdad, o amor de cualquier forma… si ellos lo pueden evitar.

Siempre he tendió una imaginación activa. Cualquier cosa que he hecho, pasé horas en ello en mi mente primero. Aparentaría que mi personalidad dicta que soy impetuosa e impulsiva, pero de hecho no lo soy. Las horas incontables soñando despierta ahora son llamadas *visionar* ya que soy una profesional madura. Pero realmente, sólo es soñar de día, acomodando cada detalle y sus consecuencias, o cada palabra en una conversación, para poder completamente reconocer el significado e intención para poder poseer cada onda que creo.

Soñar despierta ha sido la forma por la cual me mantengo preparada para el mundo en el que vivo, imaginándome limpiando la casa, bailando sin temor, y hasta espantando el mal con completo e inequívoco éxito. También ha sido la forma en la que soy capaz de tolerar presenciar a alguien y su más inimaginable sufrimiento que el mundo puede ofrecer. Mi vigilante interno contra el crimen es una combinación de Tormenta, La Mujer Maravilla, y Bruce Lee. Siempre amé la forma en la que la mujer maravilla paraba una bala volando. O como Tormenta cambiaba el ambiente entero con un poco de enfoque y movimiento de brazos. De alguna forma siempre lo he visto como posible.

Obviamente, imaginar tener una vida mejor no es necesariamente una temática nueva, pero una viaje y caída reciente detonó una reflexión sobre cuantas veces mi mente confusa me ha preparado para estar segura, sana, valiente, adepta físicamente, y alegre en el mundo físico.

Para, tírate, y rueda en mi mente

El otro día, mientras caminaba por la calle para reunirme con un amigo en el café local, me caí. Cayendo hacía en frente, de alguna forma me detuve y seguí caminando. La caída me hizo darme cuenta que se me había olvidado algo en casa. Me tropecé de nuevo en el mismo lugar. Esta vez iba a caer. En ese medio segundo de caer pensé a mí misma, *no seré lastimada por esto.* Mi hombro inmediatamente se giró y yo salí rodando. Si hubiera habido un poco más de tiempo, entonces hubiera caído de pies de nuevo.

Ahí estaba en medio de la acera en una pequeña bola, sin un raspón, riéndome. Me levanté fácilmente, y sorprendentemente nada estaba herido. Mientras caminaba hacia el café mi corazón se hincho con alegría.

Verás, yo paso mucho tiempo pensando sobre qué haría si tuviera que salir del camino de un carro, escapar de un edificio en llamas, o defenderme de un atacante. Entonces, frecuentemente visualizo el clavado y rueda, o la patada voladora a la mandíbula. Me imagino que mis piernas son fuertes y mi forma física impecable. Por supuesto, no me paso todo el día en esas cosas, pero seguido me agarro en pequeños lapsos de treinta segundos cuestionándome que haría en estas situaciones. Siempre visualizo la respuesta, y ese día tuve la prueba de que no era tiempo perdido.

Hip-hop en mi mente

Amo bailar. Me fui a NYC y el baile fue una gran parte de mi repertorio. Aprendí rápidamente que era más coreógrafa que bailarina, y definitivamente no era un atleta. Yo contenía tanta emoción en mi panza, y esos sentimientos siempre encontraban como salir. Eso sirve para clase de yoga, pero no para ballet o jazz.

Me planté firmemente en baile Afro-Haitiano cuando tenía tiempo para bailar y sentirme de la forma que necesitaba. La cosa que obtuve del baile fue aprender cómo moverme con el flujo del universo, doblándome, maneándome, y siendo un conductor para la fuerza de vida del universo. Pensar de esta forma me llevó a un nivel del ultra consciencia del sutil flujo de cambio y cómo moverme con ello en lugar de en contra de esto; como moverme hacia los pasos que podía hacer, y hacerlos bien, siempre viéndome siendo buena en cosas en las que aún no lo era.

El baile del Hip-hop estaba naciendo en ese entonces, y ere terrible en ello. Necesitas un gran equilibrio para ser buena en hip-hop, y la falta de equilibrio es mi especialidad. Sin embargo, en mi mente, yo soy asombrosa. Puedo dar vueltas; pararme con una pierna, sin manos; y el viejo tropieza y giro. Siempre me siento avigorada después de una sesión de treinta segundos de hip hop en mi mente.

Quiero agregar aquí que muchos de nosotros pasamos horas de nuestro tiempo a la semana imaginando cosas terribles ocurriendo o temerosamente visualizando el desenlace que no queremos. Es parte de nuestra naturaleza mental revivir, una y otra vez en nuestra mente, una fea o traumática experiencia que tuvimos o tenemos miedo de tener. Agrégale a eso la habilidad extraordinaria de algunos humanos en la telepatía y puedes tener una situación donde una oleada de pensamientos no deseados y después sentimientos que no son reales aún- o siquiera tuyos de hecho- se empiezan a manifestar.

> La cosa que yo obtuve del baile fue aprender a moverme con el flujo del universo, doblándome, meneándome, y siendo un conductor para la fuerza de vida del universo.

Eso me trae a otra aplicación del mundo real. Estaba en la oficina del doctor una mañana, y saliendo de la puerta enfrente de mí estaba una señora claramente en su última cita antes de que llegara su bebé. Su esposo estaba a unos veinte pies de distancia hablando con la recepcionista cuando abrí la puerta para ella y le señalé que pasara antes que yo.

Ella sonrió y dijo suavemente, "Gracias."

Algo no estaba bien en su voz. Sin pensarlo, mi cuerpo comenzó a caerse sobre una rodilla y al mismo tiempo me di cuenta que se iba a desmayar. Sólo pasaron unos segundos antes de que tuviera el peso completo de ella sentada en la silla improvisada que había creado con mi rodilla. Su esposo se dio cuenta en el punto donde su cabeza se cayó hacia atrás sobre mi hombro. Ella estaba ida.

Él y la enfermera llegaron corriendo y compartimos un mirada incómoda, como diciendo, ¿Es esta tu esposa embarazada sobre mí? Ella reaccionó. Ellos le consiguieron algo de jugo y la ayudaron para que llegara a una silla de verdad.

El esposo dijo, "Gracias."

Yo respondí, "No hay de que," y me salí por la puerta y continúe con mi día. Mientras me reía hacia mi coche, pensé, "Yo realmente amo el hip-hop."

Bruce Lee en mi mente

Tenía un poster de Bruce Lee en mi cuarto literalmente durante toda mi infancia. Yo siempre sentía una concepción especial con él y hacia las artes marciales. El concepto de usar la energía de un oponente en su contra, o convocando y dirigiendo el chi universal, siempre resonó conmigo. Sin embargo, como dije, sólo soy una atleta en mi mente. Así que cuando tomé esos seis meses de jiujitsu, fue un poco difícil. Pelear sólo por el hecho de pelear no tenía sentido. Mi kung fu definitivamente era mágico como las antiguas películas chinas de artes marciales. ¿Volar por el aire para dar una patada voladora tripe- ahora de qué forma eso me podría ayudar en mi futuro? Bueno, entonces que deshacerte del mal empieza con tomar algunas decisiones personales: (1) decidiendo que tú no vas a ser la víctima; (2) diciendo que tú no vas a estar rodeada de violencia o que la violencia no puede estar dentro o alrededor de ti; y (3) saber que la fuerza de vida universal fluye a través de ti y te puedes alienar con ella.

Una noche de un domingo, mientras caminaba sobre una calle de piedra en el lado este bajo de NYC, vi a estos dos caballeros caminando sobre el otro lado de la calle; me estaban echando ojo y me di cuenta que no eran caballeros en realidad. Aunque aún era temprano, la calle estaba vacía y callada. Necesitaba cruzar hacia el otro lado de la calle para agarrar el tren, así que justo cuando pasaron, me cruce diagonalmente para terminar atrás de ellos sobre la misma acera.

Justo cuando pisé la calle, ellos también. Me estaban obligando a confrontarlos directamente. Sabiendo que el encuentro era inevitable, dije, en mi mente, *Esto no pasará. Lo que sea que es, no pasará.* Justo cuando cruzamos caminos en medio de la calle, el caballero más alto comenzó a tomar algo de su chaqueta. Levantó su mano por arriba de su cabeza. Con puño cerrado, la parte trasera de su mano estaba a punto de caer sobre mí.

Levanté dos dedos hacia él, y dije, "Uh uh," mientras movía mi cabeza.

Él y su amigo estaban tan intrigados por esa mueca, en un tono bastante alto para un hombre, diciendo, "Uh uh," y medio movió sus manos en confusión.

Sólo seguí caminando y no volteé a atrás. Cuando llegué a la próxima cuadra empecé a soltar lágrimas de llanto y me reí hasta llegar a mi casa. Resultó ser que, la posición de dos dedos que le di se llamaba el *prana mudra,* una posición de yoga para fortalecer la fuerza de la vida. Por supuesto que lo hizo esa noche.

Soñar de día: más de lo que dicen que es

Ver las noticias de la noche puede ser tumultuoso, para algunos. El sólo hecho de pasar el día sin preocuparse en este espacio desesperado que todos compartimos es una hazaña. Así que recomiendo que una vez al día en tu tiempo callado, contestes una versión de la pregunta, *"¿Qué haría si…?"* Y ya que es tu visión, sólo puede terminar bien para todos. Nunca sabrás cuando lo necesitarás.

Tú toma la decisión; el creador hace el cambio

Procesar el pasado incluye ignorancia, resistencia, conflicto, y rendición. Eso es verte a través de los ojos de otro, hacerte consciente de ti misma, pesando los pros y los contras de quien eres, y finalmente aceptándolos como lo que son. Cuando has llegado a unos sitios donde simplemente aceptas lo que eres o cómo estás en el momento, entonces puedes decidir continuar de esa forma o tomar una decisión que cree cambio.

Cuando tu consciencia está completamente enfocada en el momento es ahí cuando solicitas la asistencia del Creador para obtener un resultado físico. No me mal entiendas: el Creador está involucrado con todos en todos los niveles, así que ahora hacemos la definición del punto tope del mundo físico. Es el punto donde el mundo de materia cambia de forma obvia- tu tomas una decisión completamente diferente y obtienes un resultado completamente diferente.

Parte de este proceso es estar dispuesto a soltar como ocurre el cambio. Cuando completamente soltamos el control sobre como algo ocurre, y nos mantenemos enfocados en el compromiso de que ocurra, un completa dimensión diferente de energía y fuerza se abre ante nosotros, un abertura que puede, paso por paso, enseñarnos el camino hacia el cambio que hemos escogido. Tú tomas la decisión y el Creador hace el cambio. La diferencia entre esta fase y las otras es similar a la diferencia entre compromiso y matrimonio.

> Cuando has tocado la muerte, puede ver la oscuridad... en todos lados. Todo se puede volver oscuro. Estás en peligro de revivir esa oscuridad una y otra vez. El perdón es la única forma de salir. A veces perdonar a otros, pero siempre perdonándote a ti misma.
>
> El Cuervo

Cómo Conocí A Tuhwuhch Tuhkraych (El Cuervo)

Los cuervos siempre han sido amigos para mí. A muchos intervalos en mi vida, tiempos de gran transformación y cambio profundo siempre estarían presentes y me traerán confort. Fue cuando me mudé a Los Ángeles experimenté una serie de muertes y pérdidas que mi relación con ellos se volvió telepática. Esto no fue una sorpresa, ya que su significado espiritual es uno del vacío, un lugar entre, donde el tiempo no es lineal, y experiencias no resueltas del pasado viven valientemente con el presente y crean al futuro, un lugar donde integridad, autenticidad, y responsabilidad son reyes. Un tótem merecedor de aparente asombro, el cuervo representa al Creador mismo.

Como había sido con mi padre, dos años previos a la enfermedad y muerte de mi mamá, los espíritus empezaron a mandarme mensajes definitivos de la verdad inevitable. Fue el cumpleaños cuarenta de mi hermana, y mi mamá y su esposo habían viajado a Los Ángeles para la celebración.

Mama y yo teníamos una bonita, equilibrada relación aunque ella nunca viajaba a algún lado sólo para visitarme, como lo había hecho para dos de mis hermanas. Yo creo, en teoría, tal vez debió de haber ardido un poco, pero yo creo que mi entendimiento y aceptación de mi relación temprana con Mamá me permitió no enfocarme en lo que no teníamos.

No fue hasta algunas noches después, manejando a casa desde la fiesta de cumpleaños que le dije a mi Mamá esa noche, mientras estaba platicando con su hermano más chico Jim, Lee (su hermano mayor que había cruzado el camino azul varios años antes) había estado parado entre ellos con sus manos alrededor de los hombros de ambos. Mientras le decía, ahí estaba Lee otra vez, sonriendo.

Ella dijo, "¿Qué?" como si no me hubiera escuchado.

Sonríe y continúe con la conversación, sabiendo que me había escuchado bien.

Placenteramente, en una de las otras muchas celebraciones esa semana, me senté en el cajón redondo al lado de mamá y en algún punto entre la segunda y cuarta margarita ella dijo, "Sabes que me vas a tener que cuidar," completamente de la nada.

Hmm, pensé. "¿A qué te refieres con cuidarte? ¿No quieres que tu hija favorita te cuide?"

Fue la forma gentil en la que la molestaba con lo que normalmente ambas nos reíamos. Esta vez me vio directamente y dijo, "No, yo voy a necesitar que *tú* me cuides."

Santo cielo, pensé. Yo estaba ebria y ella estaba seria. "Por supuesto, Mamá, yo te cuidaré," Le dije, tomando su mano. Wiu, gracias a Dios que la Fe interrumpió la conversación justo ahí sin saber la gravedad. Mi amiga la Fe; pensé que fue irónico.

Algunos meses después estaba haciendo las compras navideñas en una venta de bienes, encontré esta bella impresión de los años 1920 de una mama holandesa agarrando las manos de su joven hijo e hija. Ellos estaban en el muelle viendo a los barcos que llegaban, y como el espectador del retrato sólo veías sus espaldas. Parecía tan lindo y esperanzado, pensé. *A mamá le encantará esto- creo que es su regalo de navidad.*

Después la respuesta inmediata en mi cabeza fue, *No, después tendrías que tomarlo de regreso y sería tuyo de todas formas.*

No estaba segura de dónde vino eso, pero no quería soltar a ese retrato, calentaba mi corazón. Me lo llevé a casa y lo puse en la pared de mi cuarto. Habían pasado unos meses cuando a mi mamá le dieron su diagnóstico de cáncer de pulmones. El tiempo de ajuste fue esa primera semana en casa, inmediatamente volando hacia mi cuando le dieron la noticia. Había ido rápidamente a la tienda de vitaminas para comparar algo de polvo de vitaminas que me gustaba mucho, esperando que fuera bueno para ella, pero secretamente intentando ganar algo de control de- o amenos lidiar con- una situación fuera de control.

Le hice un vaso a mi mamá y se lo di, "¡No, yo no quiero esto!" ella exclamó.

> Todos los mensajes y sus significados fluyeron en su declaración. Entendí: en ese momento lo entendí. No la estaba cuidando para ayudarla a vivir; estaba cuidándola para ayudarla a morir.

"Okay, mamá. Yo entiendo. Yo entiendo."

El cuervo había sido un acompañante constante durante esos nueve meses, siempre apareciendo de forma abundante en los intervalos más cruciales y devastadores de su enfermedad. Habiendo aceptado la decisión de mi mamá desde el comienzo realmente me ayudó a recibir confort de todas las fuentes a través de las cuales llegaron, especialmente el cuervo.

Conociendo al cuervo

Mi casa de infancia había sido vendida y estaba diciendo mi último adiós. Ese día hice el último peregrinaje de Albuquerque, Nuevo México, después de vender el resto de las posesiones terrenales de mi mamá, empaqué la Explorer rentada e iba de regreso a Los Ángeles. Generalmente, no soy fan de largos viajes en coche yo sola, pero por alguna razón estaba emocionada por este. Me detuve por una noche en Sedona, Arizona, y comulgué con las águilas en Boyton Canyon. Era tarde en Septiembre así que los días aún estaban un poco calientes, las noches eran frescas, claras, y llenas de suaves aroma de tierra caliente y salvia.

La próxima mañana estaba despierta y fuera de ahí para las 11:00 así que el tráfico de martes sobre el 89A era fantasmal. Mientras giraba hacia la derecha hacia 89A y aceleré a casi treinta millas por hora, encontré que mi pie gentilmente pisaba el freno hasta que había llegado a una parada completa. Había un enorme cuervo en medio de la calle, y dijo enorme; de mi distancia parecía medir unos cuatro pies.

Estaba sentada ahí en asombro. Nunca había visto un cuervo tan grande. Después el cuervo se convirtió en un hombre, quien tenía una altura de más de seis pies, vestido de pantalones de piel de venado, sin camisa, pero con alas masivas y un tocado parecido a la cabeza de un cuervo con un largo pico que cubría todo menos la parte baja de su cara. En una fracción de segundo él se lanzó los cien pies o algo así y me atravesó, por un pequeño momento cubriéndome completamente. A igual de rápido, ya no estaba.

Estaba sentada ahí asombrada, desbordada, y sin aliento con mis manos cerradas en posición de diez y dos sobre el manubrio. Se sintió como si hubiera estado teniendo esa experiencia por horas pero de hecho sólo fueron algunos segundos. Después de llorar, sentada ahí a media calle, me recogí a mí y mi ingenio y nos fuimos de regreso a Los Ángeles.

EL ESTADO DE ENSUEÑO PUEDE ER UN EXCELENTE LUGAR PARA UN DIÁLOGO SIGNIFICATIVO CON TUS AYUDANTES ESPIRITUALES... COMIENZA CON TU PRIMERA ACTIVIDAD DE ORACIÓN HACIENDO UNA AFIRMACIÓN POSITIVA QUE CONOCERÁS A TU TOTEM ANIMAL, TU AYUDANTE ESPIRITUAL, EN UN SUEÑO SIGNIFATIVO ESA NOCHE CUANDO TE RECOGES.

BRAD STEIGER,
TÓTEMS: EL TRANSFORMADOR PODER DE TU TÓTEM ANIMAL.

El Ritual del Sanador:
Dominando Tu Mundo a través de la Consciencia

Dominar tu mundo mientras estás en harmonía con él es la meta. La única forma de armonizar con algo es ganar familiaridad con él y esto viene con la práctica. Todos pueden correr un sprint, pero te estás preparando para un maratón. Pon atención a los cinco elementos abajo y mantén un diario.

Todas tus experiencias, y tu consciencia de ellas...
te llevan a este momento, hasta que
el próximo momento llegue.

¿Qué significa esto a ti?

Todos los días tu perspectiva cambia basada en cómo te sientes, que estás haciendo, y alrededor de quien estás. Responde la pregunta abajo, sobre la frase arriba, todos los días y ve cómo las respuestas varían.

¿Qué está haciendo el cosmos?

Nosotros somos casi pura agua, y nuestros cuerpos son fuertemente influenciados por lo que los planetas estén haciendo. Mientras más consciente te vuelvas de tu mundo, más querrás expandir tu conocimiento sobre los ciclos de la luna y el retrógrado de Mercurio, al igual que eclipses solares y lunares. Todos tienen un impacto pesado durante sus ciclos de influencia.

Tiempo: Hora de poder y biorritmos

Poner atención a qué hora del día estas naturalmente más alerta, despierta, cómoda, y presente te da información valiosa. Una vez que descubras qué hora es, úsalo para comenzar una meditación diaria premeditada.

Poner atención a tu entorno:

Sincronicidad y mensajes del Creador

El Creador encuentra formas para comunicarse contigo de la forma que estés abierta. Todo lo que tienes que hacer es escuchar. Busca tu tema diario. Pon atención a palabras escritas en camiones o publicidades, libros o periódicos. Busca consistencias en tus pensamientos, sentimientos, e ideas; pon atención a lo que los demás están diciendo y haciendo alrededor de ti. ¿Qué tiene tu atención y por qué es valiosa para ti?

Tótems de animales: Simbolismo

Muchas tribus indígenas creen que los animales se revelan a nosotros cuando tienen un mensaje que traer. Pon atención a cualquier tótem animal o de planta que consistentemente atrae tu atención de algún modo. Los animales pueden venir a ti en tus sueños, en tu televisión, en tus pensamientos, o en persona. De cualquier forma que llegue son un mensaje del Creador. Tal vez tengan consejos sobre cosas que puedes fortalecer o atributos que tienes fallando, pero pon mucha atención, porque están hablándote.

PARTE 4

Estar Presente

Los demonios pueden ser muy útiles, hasta que ya no lo son

Las Armas Del Sanador:

Estabilidad, Confianza, Liderazgo, Paciencia

La Historia de Oso Estrella: Caminando la Línea Delgada

Él llegó a este mundo como Poocheev Kweeyahguhtin en el año 1600, pero la gente lo llamaba Oso Estrella. Nacido de una madre Weenuchiu Ute y un papá Cheyenne, él era una bendición a pesar de las circunstancias- los Cheyenne y los Ute eran enemigos conocidos.

Su mamá lo nombró Oso Estrella porque ella creía que él venía de la estrellas; ella consideraba su papá al cosmos ya que la verdadera historia era demasiado para ella. El haber nacido a la vuelta del siglo fue en presagio del gran poder de Oso Estrella. Él mejor rastreador en todo el oeste, norte, y sur, Oso Estrella fue el genio de su día. Él realmente era como ningún otro, y fue esta calidad única que lo hizo invaluable a todas las tribus y hasta a sus enemigos. Oso Estrella tenía lo que ahora llamamos una memoria fotográfica, pero en ese entonces realmente era un cisne negro.

Él también poseía otros dones - sabiduría, visión, y previsión- lo cual a muchos niveles le trajo una soledad sutil. No había historias de su papá en los labios de nadie. Todos, sabían lo que había pasado pero era una falta de respeto a su madre hablar de ello y Oso Estrella no quería eso. En lugar de eso Oso Estrella anhelaba al papá que había creado en su mente. Él sabía que si simplemente hacia su trabajo, algún día conocería a su papá.

Oso Estrella guiaba a muchos pero realmente no seguía a nadie, a excepción de *Sinawaf,* el Único de arriba. Los días eran largos en el desierto alto, y siempre había mucho por hacer, especialmente durante la cosecha. Oso Estrella pasaba su tiempo enseñándole a su gente sobre plantas y hierba medicinales del área y de las formas más eficientes para rastrear comida y otras necesidades. Las relaciones entre las otras tribus y los colonizadores españoles eran frágiles. Nadie había experimentado el nivel de ignorancia y egoísmo que vino con estos colonizadores. Dentro de muchas cosas, los colonizadores eran sobrevivientes, y la gente intentando sobrevivir puede ser viciosa. Oso Estrella creó una reputación en el área por su capacidad de poder mediar cualquier situación. Esto lo hizo una comodidad para su gente, vendiendo sus servicios a amigos y enemigos y de alguna forma siendo respetado por todos.

La gente de los Pueblos y las Planicies sabían que los tiempos cambiaban irrevocablemente; manteniendo las cosas en movimiento y en paz el mayor tiempo posible era todo lo que podían esperar. Ellos sabían que cada persona debía hacer su parte. Oso Estrella se hizo indispensable tanto para los colonizadores como para su gente, a quienes mantenía fuera del control de los colonizadores.

Los años se giraban uno sobre el otro, y el deseo de Oso Estrella nunca realmente se mostraba en su cara, aunque siempre estaba ahí justo al lado de las otras cosas- hasta el día que todo cambió. Oso Estrella estaba llevando a un grupo de vendedores franceses por el norte de nuevo México en una misión, para poder comprar una nueva fuerza laboral donde la venta de esclavos estaba al máximo. Había rumores que su grupo original de esclavos Cherokee habían muertos todos de disentería. Se estaba empezando a conocer ampliamente que a las tribus no le iba bien con las enfermedades europeas y muchos estaban muriendo. Ellos tenían un nuevo grupo de Cheyennes que esperaban les duraría más.

Parecía haber una niebla atorada en el cañón mientras cabalgaban hacia la zona de la misión. El amanecer estaba sucediendo. Estaba fría esa mañana pero la nieve parecía desaparecer tan rápido como llegaba. Oso Estrella vio alrededor del campamento pero no vio a nadie. Después escuchó el doloroso agudo llanto de una mujer. Él se giró a ver el recinto donde tenían a los esclavos. Casi no se les ofrecía protección de los elementos mucho menos el frío intenso. El vio a una mujer de rodillas llorando en duelo, con un joven niño al lado de ella. El corazón de Oso Estrella se movió y sus ojos se humedecieron. Dos hombres estaban cargando el cuerpo sin vida de un hombre. Oso Estrella sabía que estaba muerto, porque hasta de esa larga distancia podía ver el azul en sus labios. Él había visto la muerte en muchos. Osos Estrella estaba parado hipnotizado por un momento. Él supo que ellos eran por quienes había estado esperando.

> Él sabía que si simplemente hacia su trabajo, algún día conocería a su papá. Oso Estrella guiaba a muchos pero realmente no seguía a nadie, a excepción de Sinawaf, el Único de arriba.

Oso Estrella exhaló, y después- como si un rayo hubiera caído cerca de su pie- se movió rápidamente con la fuerza y tiempo de un cóndor bajó, agarrando a la mujer de la cintura y el brazo del niño, moviéndolos rápido atrás del recinto. Mientras la mujer y su hijo aparentaban estar asustados, no ofrecieron resistencia y no parecían sorprendidos. Oso Estrella, tan gentilmente como podía, los aventó hacia el otro travois y rápidamente los cubrió con un par de pieles.

Había seis en su grupo incluyendo a Oso Estrella, y esta era su última parada. Los hombres franceses habían tomado sus cosas y estarían reuniéndose con otro rastreador para un viaje hacia Nuevo Orleans. Oso Estrella recogió un par de suministros e hizo su rondeo político. Aunque nunca le daba la mano a nadie, él tenía su confianza cuando era necesario. Él le hizo claro a cualquiera viendo que realmente necesitaba empezar su camino de regreso ya que el sol estaba completamente sobre el horizonte ahora. Él puso los suministros sobre el travois, se alzó sobre el caballo, y se fue cabalgando con sus dos pasajeros y nadie supo mejor.

Oso Estrella sabía que necesitaban medicina aunque no aparentaban estar con síntomas. Él tomaría otra ruta de regreso a donde la hierba que necesitaba para la medicina crecía en abundancia, el menos en la temporada alta. El tiempo era esencial. Ellos tenían que llegar al río antes de que bajara el sol. No había suficiente comida para los tres y había mucho que hacer antes de que las estrellas y la luna tomaran posición.

Había pasado al menos un hora ahora. Oso Estrella se aseguró que nadie estuviera alrededor y que no los habían seguido. Ahora era seguro parar. Destapándolos, todos tomaron una larga mirada entre ellos. Les habló en Cheyenne, aunque pareciera que no había necesidad de palabras. Su nombre era Asha (esperanza) y su hijo era Hiamovi (remolino), ahora él entendió. De nuevo su corazón se movió y sus ojos se humedecieron; tanto es cargado en un nombre. Les dio la pequeña cantidad de comida que le había sobrado del día anterior, algo de agua, y los volvió a empacar para lo que faltaba del viaje del día. El sol de mediodía pronto estaría alto en el cielo.

Finalmente llegando al sitio donde el río corre a través del cañón, él podía ver a los peces mordiendo en la parte de arriba del agua, un fenómeno único en esta época del año. Justo antes de que se metiera el sol era el tiempo más eficiente para pescar. Oso Estrella esperaba que Asha y Hiamovi se sintieran los suficientemente fuertes como para ayudar ya que el sol estaba descendiendo, y los pescados no se iban a atrapar a ellos mismos. Una vez llegando, Asha inmediatamente se fue a encontrar un lugar adecuado para dormir con leña para el fuego, y Hiamovi tomó el cuchillo de Oso Estrella y rebajó el punto de un palo largo para pescar, como su papá le había enseñado.

Oso Estrella no había dicho nada pero estaba bastante aliviado. La noche parecía estar en paz pero a la vez vibrante; el aire era crujiente y seco, y todos los animales estaban afuera comiendo y bebiendo durante la hora de oro. Este era particularmente rico en cambio. Él estaba meneando la medicina sobre el fuego cuando Hiamovi regreso a él corriendo, exponiendo los cuatro pescados que había atrapado. Oso Estrella asentó su aprobación, y de nuevo su corazón se movió y sus ojos se humedecieron; Hiamovi sonrió de oreja a oreja y se fue corriendo a ayudarle a su mamá.

Respirando profundamente, Oso Estrella camino hacia la orilla del río y cuando se arrodilló para aventar algo de agua fría a su cara sintió el peso de su emoción penetrara su espalda y chocar a través de su corazón. Después de que Oso Estrella se agachara y dejar salir un llanto denso, las lágrimas vinieron con una furia. Mientras intentaba agarrar aliento y limpiaba las lágrimas de sus ojos, encontró su cara a sólo pulgadas del agua. Después él vio el reflejo; era una cara similar a la de él pero no la suya propia. Él se le quedó viendo en confusión por algunos momentos. Él podía ver la imagen de un oso más grande que jamás haya visto sobre el agua y alrededor de su sombra, y el no sintió miedo. Después él sintió la presencia del oso. Este era el espíritu que la había guiado toda su vida, el confort más familiar que cualquier miembro de la familia.

El oso habló: "Mi hijo, llegó el tiempo que supieras la verdad sobre tu nacimiento. Fue la quinta luna llena del año, y tu papá, nacido de sangre Cheyenne, estaba asaltando la aldea de tu mamá. Sólo se suponía que sería por comida y suministros, pero tu papá vio a tu mamá y su miedo lo enfureció. Tu padre estaba enojado sobre muchas cosas y comúnmente lo expresaba por sus propios medios. Él veía al miedo como debilidad y le pegó y la violó ahí donde ella estaba parada. Tú naciste siete lunas después y fuiste considerado un milagro por toda la tribu. Tu madre pidió que nadie hablara de la noche en la que fuiste concebido jamás, aún si preguntabas. Ella no quería que tu fueras perseguido por el espíritu de tu padre o por el dolor de tu madre."

Oso Estrella lloró mientras escuchaba; de alguna forma él siempre lo había sabido.

El oso continuo, "Has caminado sobre la muy delgada línea de valentía que ha sido puesta ante ti, nunca dudando, siempre perseverando el bien común con tus decisiones aun cuando pareciera que ninguna opción era buena. Oso Estrella, cada hombre seguirá su verdad hasta que encuentra la verdad, y tú has seguido este camino con intenso vigor, disciplina, y fe. Por ende no has creado más ondas en la gran agua. Asha y Hiamovi son tu recompensa, y en algún tiempo ellos serán tu familia."

"Gracias, Sinawaf," Oso Estrella dijo. "Y no te preocupes por tu madre-ella está en paz ahora y le da su bendición a tu familia. Ahora ve, la noche aún no ha terminado."

Y con eso el gran oso desapareció.

Oso Estrella regresó cambiando al campamento sintiéndose como si hubiese estado fuera por horas. Asha apenas estaba empezando a limpiar los pescados. La cena de esa noche fue la mejor que cualquier había tenido, por diferentes razones claro. Asha estaba a salvo. Hiamovi estaba lleno. Oso Estrella había encontrado lo que estaba buscando, y todos tomaron la medicina y se fueron a dormir.

> Has caminado sobre la muy delgada línea de valentía que ha sido puesta ante ti, nunca dudando, siempre perseverando el bien común con tus decisiones aun cuando pareciera que ninguna opción era buena.
>
> El oso

Orgullo y el Diablo

Los demonios se conocen por hacer promesas- de poder, control, protección, información, y hasta ayuda. Frecuentemente es nuestro orgullo humano que desea todas esas cosas para protegernos a nosotros mismo. El orgullo es nuestro primer protector, la primera línea de defensa que tenemos. Pero es nuestra dignidad que nos entregará de las cosas. A veces los demonios ayudan, hasta que la persona buscando la ayuda ha crecido más allá de su capacidad de ayudar.

He trabajado con mucha gente quienes, de niños, fueron abusados o afligidos de alguna forma, quienes en su tiempo de desesperación y necesidad pidieron ayuda y recibieron respuesta de criaturas no bien intencionadas. Por algún tiempo ello vivieron con sus nuevos amigos y se les dio poder, conocimiento, y protección, o fueron dirigidos directos hacia más dolor y caos. Mientras crecieron sus criaturas amistosas se convirtieron en más carga que ayuda, y la batalla con ello se volvió formidable.

Tenía más o menos ocho años cuando mi mejor amiga, Jenna, y yo estábamos caminando al Circle K, en una bella, clara mañana de verano. Veníamos de la alberca pública local, un lugar donde habíamos pasado cada día verano desde que teníamos tres años, y traíamos puesto nuestros trajes de baño. Fue una breve, caminata en línea recta a través del parque. Cuando recién habíamos entrado al estacionamiento, un hombre en un convertible se acercó y nos preguntó si sabíamos dónde estaba la alberca; él dijo que iba hacia allá.

Apunté hacia la alberca, la cual era visible desde donde estábamos paradas, y dije, "Está justo ahí."

El respondió, "No me quiero perder. ¿Pueden subirse y enseñarme?"

"¡*No!*" Le dije.

Pero después mi amiga se acercó a la puerta de coche, me volteó a ver, y dijo, "Todo estará bien."

Y le estaba gritando que no se subiera al coche, ella estaba dentro y se iban. Cuando giró hacia la derecha yendo en dirección contraria de la alberca, sabía que mis miedos serían realizados. Estaba devastada y no estaba segura qué hacer. Corrí a través del parque hacia su casa y le dije a su mamá lo que había pasado. Le hablamos a la policía y esperamos. Casi cuatro horas después, estaba parada en la acera enfrente de su casa, cuando la vi llegar caminando desde la calle, llorando. El hombre la había tirado después de tocarla, y ella había caminado el resto del camino a casa.

Su historia y lucha son devastadoras y continuas, como uno podría esperar, y es mi esperanza a través de la exploración de mi historia las revelaciones que me han llegaban a través de la vida que algún tipo de restauración pueda ocurrir para nosotros y cualquier otro que sufre de esta forma.

Me tardó años de trabajar en la industria de la curación para finalmente ver hacia el evento que había inspirado mi necesidad de entender demonios, el Diablo, y mi creencia de curación completa para aquellos que están afligidos. Cargaba tanta culpa sobre la experiencia de mi amiga. Repasaba una y otra vez los eventos de esa mañana, pensando sobre que pude haber hecho para prevenirlo. Debí haberla tomado del brazo y no permitirle subir al coche. Debía de haber gritado en lugar de sólo ser la voz de la razón. Ciertamente, pude haber hecho algo. Ella y yo hemos estado indeleblemente unidas desde entonces y aunque nunca fuimos tan cercanas como lo fuimos en la niñez, ha habido muchas veces a través de los años donde nos hemos reconectado. He mantenido registro de, y he sido testigo a muchos de sus sufrimientos.

> Por algún tiempo ellos vivieron con sus nuevos amigos y se les dio poder, conocimiento, y protección, o fueron dirigidos directos hacia más dolor y caos. Mientras crecieron sus criaturas amistosas se convirtieron en más carga que ayuda, y la batalla con ello se volvió formidable.

Algo del conocimiento de sus sufrimientos los he recibido en visiones y sueños, y algunos los he recibido de primera mano. No hace hasta hace cinco años cuando me reconecté con la familia de Jenna que fui capaz de hablar sobre nuestras experiencias compartidas. Fue desde ese momento que las cosas empezaron a cambiar en cuanto a mi memoria de esto. Finalmente, el peso enorme que cargaba, la frustración y tristeza que sentía, empezaron a dar camino hacia lo que en verdad veía y experimenté en ese día y muchos días después.

Durante una larga conversación que tuvimos, su hermana me aseguró que lo que le pasó a Jenna no fue mi culpa. Nadia había dicho eso en voz alta... especialmente yo. De hecho, nunca realmente hablaba de ello mucho con alguien- jamás. Cuando ella dijo esas palabras se me ocurrió que me había cargado con un sentimiento profundo de responsabilidad por no haber detenido ese evento de que ocurriera. Después de todo, cada vez que pensaba en ello llegaba a la misma conclusión:

verdaderamente no había nada que pude haber hecho. Tenía una culpa tan intensa, y no podía reconciliar racionalmente porque. Un par de semanas después de la conversación tuve una visión durante el día. Específicamente, viajé hacia el pasado, como la persona que soy hoy, para sanar la casa de la infancia de Jenna, un lugar donde había pasado incontables horas alegres con su familia. Y ver y sentir conscientemente lo que se me había pasado antes.

La casa era una cuadrada, café con aspecto de adobe y techo plano que es tradicional para el Suroeste. Entré por la puerta de enfrente con venganza. Estar en esa casa como adulta era raro; todo el lugar era muy pequeño, donde alguna vez se veía tan grande. Me sentí como la FBI en una emboscada de drogas. Los techos eran más bajos de lo que recordaba, y la energía era fría.

Como niña, me encantaba pasar tiempo con mi amiga y su familia; ellos parecían tan felices y contentos juntos en ese lugar. Sintiendo la frescura de miedo y desesperación, estaba segura que su felicidad debió haber sido una hazaña con la naturaleza de la energía en esa casa. Me encontré azotando las paredes, llamando a que salieran los demonios, y cualquier otra entidad que estuviera presente. Todas las puertas y ventanas estaban abiertas y un fuerte viento empezó a pasar. Todos los espíritus oscuros que habían habitado la casa y tierra empezaron a salir. El Arcángel Miguel y sus ángeles estaban afuera esperando entregar o transformarlos a energía utilizable para el planeta. Podía ver por mi ferocidad la naturaleza densa y fuerza de las entidades se iba. Pronto, toda la oscuridad se había ido y sólo había luz del sol, pero aún no me había tranquilizado. No había encontrado aun lo que estaba buscando. Mientras salíamos de la casa, me desperté.

Estaba sentada en la cama y respiré profundamente. Como niña yo sentía todo, pero ciertamente no tenía palabras para lo que vi y sentí, y nadie con quien compartirlo. De alguna forma, conectarme con un testigo de mi infancia me había enseñado algunas de las cosas que había percibido pero para las cuales no tenía palabras. Finalmente, había hecho un viaje a casa y estaba ansiosa esperando una reunión que ya se había tardado con la mamá de Jenna. Siempre tuve un amor profundo hacia ella como si fuera mi propia madre; compartíamos un parentesco espiritual que siempre me clamaba.

Después de todos los años me dijo, "Tracee, estoy tan arrepentida que tuviste que pasar por todo eso también. Ahora entiendo que estábamos tan enfocados en Jenna que se nos pasó por completo lo horroroso que esto debió haber sido para ti. Aún te puedo ver parada en el callejón. Sola y asustada, esperando que llegara a casa. Ni siquiera me di el tiempo de tomarte y confortarte. En verdad lo siento."

El adulto en mi apreciaba estas palabras, ya que nadie más- incluyendo mi familia- se las había ocurrido prestarme atención. La niña en mi lloró y por primera vez me sentía a salvo. Había tenido muchos encuentros con la destrucción causada por el mal, pero nunca había experimentado el entendimiento humano de mis experiencias. Los adultos en mi vida no eran capaces de protegerme o darme cualquier tipo de entendimiento en ese entonces. Nuestra reunión fue profundamente emocional para mí porque fue capaz de decir cosas de parte de mi madre, cosas que mi mamá no era capaz de decir.

Ni había pasado más de una semana de nuestra reunión que estaba yo en casa lavando los platos cuando mi mente se regresó al mero momento que Jenna se subió al coche y lo vi. Era un demonio, una pequeña criatura con lo que parecía ser pequeños cuernos en la parte superior de su cabeza y ojos rojos. Tenía unas manos sobre sus hombros, guiándola al vehículo. Después de que había abierto la puerta, ella me vio a mí, y nunca olvidaré la mirada en sus ojos porque fue el momento en el que el demonio me vio a mí y dijo, "¡Ha! Ahora es mía."

Perdí mi aliento y me agarré del lavadero mientras llegaban las lágrimas. Esa fue la información que me había faltado todo este tiempo y la clave de mi culpa. Mis sentimientos de culpa me habían estado apuntando a lo que en verdad vi ese día, con quien la batalla realmente era, y a quien buscaba ese día en su casa cuando regresé en la visión. Cada día, continúo rezando por mi amiga y su batalla por su alma, y cuando reciba la llamada, estaré lista. Finamente estaba libre.

> Si nos sentimos positivos, nos sentimos bien; y cuando nos sentimos negativos, nos sentimos culpables, Verdaderamente, sin importar donde estemos en el espectro de positivo y negativo, hay dos puntos iguales del mismo mensajes del Creador... o de los reflejos de nosotros mismos.

El Camino del Sanador: Siempre Estar Presente

El diablo sólo tiene poder en otras dimensiones: el pasado y el futuro. Mantenerte en el momento presente durante tiempos de gran estrés te puede dar el poder que necesitas para hacer lo que puedas. No te equivoques: eventualmente harás referencia al pasado, y hay forma de hacerlo con presencia y fuerza. Puedes pasar por el inframundo con fe, conocimiento, y protección utilizando la fuerza del momento presente.

El ángulo de luz

Estuve sentada un mañana en el patio pensando sobre las cosas. Era un bello día de primavera, luminoso y claro. Mientras volteaba hacia mi izquierda me di cuenta de una sola hebra de seda de araña que estaba iluminada por el sol. Cuando ajusté mi visión un poco más hacia la izquierda, parecía desaparecer. Obviamente no lo hizo. Sólo no podía verlo.

Me senté en mi silla y dije, "Gracias Creador, Si, todo se trata del ángulo de la luz."

En nuestra cultura se no enseña enfocarnos en la cantidad de luz y no el ángulo. No enfocamos en si nos sentimos positivos o negativos, y juzgarnos a grado variante en el cual experimentamos negatividad y positividad. Si nos sentimos positivos, nos sentimos bien; y cuando nos sentimos negativos, nos sentimos culpables. Realmente, sin importar donde estemos en el espectro de positivo y negativo, ellos son dos puntas iguales del mensajes del Creador… o del reflejo de nosotros mismos. Es cuando nos permitimos empezar a abrir el ángulo de luz que podemos certeramente interpretar la información que recibimos.

El Camino del Sanador: **Siempre Está Presente**

Cómo mantenerte en el momento.

Honestidad y aceptación son las dos reglas de oro para mantenerte en el presente. La honestidad significa ser honesto con ti misma sobre quién eres, cómo te sientes, y lo que consideres indispensable para seguir hacia cualquier dirección. La meta del diablo es influenciarte para que te mantengas estancada y te mientas a ti misma los más que puedas. El Diablo trabaja a través de influenciarte a ponerle enfoque en la vergüenza y culpa de lo que sea que haya pasado o del medio en cuanto a lo que podrá pasar en el futuro. Tener miedo, vergüenza, humillación, o culpa es un mensaje muy poderoso del Creador. Los llamo las cuatro flechas.

Las cuatro flechas

Yo le llamo al miedo, vergüenza, humillación, y culpa *flechas* porque son energía que generas que se enfocan en ti misma. Cada flecha de energía enfoca tu atención en sitios distintos: el medio es una flecha a tu visión, vergüenza una flecha a tu voz, humillación una flecha a tu poder, y culpa una flecha a tu corazón. Cuando eres impactada por una de estas flechas, te debes preguntar la siguiente pregunta: ¿Qué es lo que no estoy viendo? ¿Qué es lo que no estoy diciendo? ¿Dónde me siento impotente? ¿Por qué no me estoy permitiendo sentir?

Es un instinto natural cuando experimentamos estas emociones profundas e invasivas, sentir estar errados de alguna forma- y es cierto que estamos errados. Estás generando estas emociones como mensaje a nuestra mente consciente que tenemos muchas necesidades que no se están cumpliendo. Si entendemos que hemos creado la emoción para señalar dónde tenemos poder y decisión en la situación, entonces podemos efectuar un cambio. Contestar cada pregunta te guiará a donde el movimiento y cambio se pueden dar, y donde hay movimiento, hay cambio. Al aceptar cualquiera de estos sentimientos afrontas el nuevo conocimiento que tu aceptación e, inevitablemente, tu entendimiento de estas emociones vendrá a ti.

Estar aquí ahora

Quedarte en el momento significa que te comprometes completamente a lo que sea que estás haciendo. Es nuestra naturaleza humana ser multidimensional. Sin embargo, toma educación y desarrollo para mantener y equilibrar tu consciencia del asunto sobre todos los elementos necesarios de acción. Cuando conduces un coche, tienes que tomar en cuenta varios factores, como el mismo carro, la calle y otros carros –sólo para empezar.

Otras influencias pueden ser el clima, disfunción en el carro o calle, o un cambio en percepción por cualquiera razón.

Aprender a contender con todas estas variables lleva práctica. Al inicio manejar un coche, para mí, fue un poco conflictivo. Había destruido tres vehículos para cuando tenía 17 años. Afortunadamente, estaba inclinada a golpear a cosas estacionarias como postes o carros estacionados. La misma dinámica ocurre cuando empiezas a abrir tus canales psíquicos para escuchar, ver y sentir otras dimensiones de energía y al mismo tiempo seguir presente en tu realidad física. Se cree comúnmente que las mujeres y los adolescentes están más propensos a fenómenos psíquicos; y en eras pasadas ese ha sido el caso.

La conciencia psíquica está relacionada al movimiento de la *energía kundalini* en el cuerpo físico. Conforme la energía activa a diferentes glándulas en el cuerpo, un nivel diferente de energía y consciencia se le abre al individuo. Hoy, debido a cambios extraordinarios de energía en el planeta, todos-no sólo mujeres y adolescentes- están experimentando grandes cambios en consciencia en formas que pueden ser abruptas y nuevas para ellos. Mantenerte en el momento significa siempre ser capaz de traer lo que sea en lo que te estás enfocando al momento físico.

> ESTAR PARADO EN LA PRESENCIA DE LO DESCONOCIDO TODOS TIENEN EL MISMO DERECHO A PENSAR, Y TODOS ESTÁN IGUAL DE INTERESADOS EN LA GRAN PREGUNTA DEL ORIGEN Y DESTINO.
>
> ROBERT INGERSOLL

Pregunta algo y contéstalo

Una de las cosas más comunes que hace la gente durante tiempos de confusión es hacer preguntas. ¿Por qué está pasando esto? ¿De dónde vino? ¿Cómo llego a aquí? Cuando una pregunta se hace, una nueva dimensión de energía es abierta, basada en la intención de la pregunta. Por ejemplo, "¿Por qué me está pasando esto a mí?" Cuando la pregunta es generada a cualquier nivel manda una señal de energía que comienza a atraer la respuesta. Si vas a preguntar la pregunta, tienes que estar abierta a la respuesta. Interesantemente, es igual de común mantenerse enfocado en la pregunta y nunca recibir la respuesta. Desafortunadamente, si la pregunta permanece sin contestar genera energía en otra dimensión que te puede dejar espiritualmente anclada a la pregunta.

Savannah en el verano

Cada vez que viajo, hago curación por la ciudad y ubicación en donde me quedo. Un verano increíblemente caliente y húmedo. Yo viaje a Savannah, Georgia. Afortunadamente, los mosquitos fueron bastante controlados ese año, pero el calor estaba fuerte y me había despertado una mañana temprano como a las cinco. Me estaba hospedando en uno de estos lugares con desayuno y cama que originalmente era una casa para una familia colonial construida en 1857. He hice una taza de café y salía hacia el balcón de enfrente donde había espacio para sólo una banca antes de que empezaras a bajar hacia la calle.

Me quede ahí sentada mientras salía el sol y empecé mi oración. Pedía la asistencia del Creador y les llamé a Jesús y San Miguel, y después le hablé a cualquier espíritu quienes se habían quedado o necesitaban ayuda para transicionar. Normalmente, en sitios que tienen tantas capas de historia espiritual, esperaba que al menos algunas de las personas que llegaban estuvieran conectadas a la historia que es familiar a mí, pero esta vez afuera era diferente. Sólo como cinco se hicieron presentes.

Una historia que se me mantiene tan clara como si hubiese sido ayer fue de un niño chiquito que estaba en el limbo. El vino a mí preguntando, "¿Por qué?" Él tenía como diez años, vestido en overoles color piel y cuan camisa de color claro. Su pelo rubio estaba en desorden, y su piel pálida estaba bajada y sudorosa. Vi que su casa, una casa de granja, había sido quemada hasta el piso, y con ella se fue toda su familia. Todas habían transicionado fácilmente menos él. Él estaba en shock y molesto mientras seguía preguntando "¿Por qué?

Viajé más profundamente hacia su paradigma, buscando las respuestas que él anhelaba, y vino una voz.

"Ninguna respuesta que fue dada fue suficiente para tranquilizar su duelo y pérdida. Él debe aceptar su destino y unirse con su familia, y después sus preguntas pueden ser contestadas."

Jade en una respiración profunda y las lágrimas empezaron a fluir. Le expliqué que para él ahorita nada de lo que pudiera escuchar haría que su destino se sintiera aceptable, pero aun así debía aceptarlo. Le dije lo mucho que lamentaba su experiencia y le dije que su familia estaba esperando su llegada. La amaban y extrañaban tanto.

Justo mientras decía eso a él, la preocupación se cayó de su cara. Él podía ver y sentir a su familia y lo ángeles con ellos. Él ya no estaba molesto y temeroso. Me vio gentilmente y después ya no estaba.

Me quedé sentada por unos momentos más y sentí el calor del sol secando las lágrimas de mi cara. El sonido del tráfico matutino había empezado y mi trabajo había terminado.

Es cuando nos permitimos abrirnos hacia el ángulo de la luz que comprendes interpretar a decuadamente la información que recibimos.

El Lema del Sanador: No hagas nada hasta que Sepas Qué Hacer

Para un sanador, la habilidad para discernir cuando actuar es su posesión más valiosa. En el mundo espiritual, todo es eterno y perpetuo. El mundo espiritual es finalmente el sitio donde el cambio debe ocurrir para poder sanar. Habiendo dicho eso, el Diablo quiere que actúes irracionalmente y tomar el menor de tiempo posible para tomar decisiones, sabiendo que probablemente cometas errores al actuar desde tus respuestas emocionales o sin pensar.

Si hay una cosa que he aprendido, es que siempre hay tiempo, no importa la situación. Todas las cosas serán reconciliadas eventualmente. Sin embargo puede tardar vidas, así que es mejor hacer nada hasta que sepas exactamente qué hacer. Aprender a confiar en tu intuición e instinto es la herramienta más valiosa que tienes. Tu intuición e instinto te permiten estar preparada y lista para actuar con precisión.

> Mamá y Papá Oso tienen mucho que enseñar sobre el liderazgo y su verdadero significado, reflexión propia y amor propio, alegría en resurrectar un corazón puro, y estrategias físicas para mantener una vida saludadle y equilibrada.

Mi aliado oso

Dos veces en mi vida, durante tiempos profundos de transformación, el oso ha venido a mí en mis sueños. La primera vez fue cuando empecé a trabajar como empatista psíquica. Los primero tres años fueron los más intensos; casi no dormía y rara vez salía a la calle. Mi mundo interior estaba rico con nuevo conocimiento y experiencias, pero mi cuerpo estaba lleno de fatiga. No creo que ayudó que tenía una dieta a base de Carl's Jr. Verás, desde la edad de doce, siempre había sido consciente de mi peso y salud, pero después de contraer una enfermedad que requirió que adoptara métodos extremos, dejé de comer azúcar, beber alcohol, y me hice vegetariana. Aprendí sobre suplementos e hierbas, con estas decisiones vino una completa recuperación física y el comienzo de una oportunidad para sanarme a mí misma emocionalmente y después espiritualmente.

El Lema del Sanador: **No hagas Nada Hasta que Sepas qué Hacer**

La curación espiritual fue un proceso que tardó varios años con trabajo diario. Todo de ello fue asombroso. Más o menos al mismo tiempo que empecé a trabajar con clientes, había estado muy saludable por como una década, así que me permite disfrutar refrescos, hamburguesas, y papas en ocasiones. Mi indulgencia sólo era una vez al mes por como dos años y la propia libertad de comer lo que quisiera cuando quisiera era invaluable. Pero la fatiga física de la transformación espiritual y emocional fue demasiado. Una noche, después de muchas noches de poco sueño y emociones extremas, le recé al Creador por algo de alivio y una nueva estrategia. Esa noche quedé dormida y me desperté en medio de un sueño durmiendo en el abrazo cómodo de Mamá Oso.

Por la primera vez en meses, me sentía calmada y en paz. La seguridad no era realmente un sentimiento al que me había acostumbrado hasta ese momento, y fue abrumador. Lloré para crear un espacio para recibir este sentimiento de seguridad y confort por la primera vez en mi vida. Esa noche el oso me dijo lo que seguía. Era hora de comer sólo las cosas que nutrían al cuerpo. Tomar una posición de liderazgo en mi vida significaba que era hora de caminar a través de mi miedo de compartir quien en realidad soy y no esconder ninguna de mis habilidades. Finalmente esa compasión significaba establecer límites con la gente en lugar de sólo entender que no saben el impacto que tienen sobre mí y otros.

La libertad de opinión

La segunda oportunidad que el oso que se me juntó en mi tiempo de sueño fue recientemente. Esta vez fue Papá Oso. Él trajo un mensaje de seguridad, compasión, y confort como antes, pero esta vez el mensaje era distintivamente diferente. Mientras nos sentábamos cara a cara, su mensaje fue tener una valentía enorme y fuerza con vitalidad física que no había experimentado desde que era niña. Él me dijo que mi opinión tenía valor. Esto se me hizo gracioso, porque cualquiera que me conoce sabe que no necesariamente soy tímida sobre mi opinión.

Empezó a hacer claro para mí que mi énfasis siempre ha estado en entender y tener compasión. Y mientras que tener empatía hacia ambos lados de una situación es definitivamente un conjunto de habilidades, ahora era tiempo de realmente cultivar mi opinión. Una libertad se abrió en mi corazón ese día, un nuevo nivel de confianza- en el Creador, en mi misma, y en otros- eso me llevó profundamente hacia la consciencia de seguridad.

Tienes a un amigo en oso

Entonces, si buscas la ayuda de un oso, en verdad tienes un aliado poderoso. El oso trae nuevo confort en la verdad e integración de entendimiento. Mamá y papá Oso tienen mucho que enseñar sobre liderazgo y su verdadero significado, auto reflexión y amor a sí mismo, alegría en resurrectar un corazón puro, y estrategia físicas para mantener una vida saludable y equilibrada.

El Pacto del Sanador: No Te Rindas

La única forma posible en la que puedes perder una batalla con un demonio es rindiéndote... y aun así tienes una eternidad para ser inspirada hacia una nueva estrategia, así que tu victoria está inevitablemente asegurada. Es verdad que la gente se vuele más inteligente y fuerte, a veces los demonios también. Finalmente, cuando estás lista, dispuesta, y capaz de enfrentar a tus miedos más profundos, es ahí cuando obtienes el apoyo y recursos que necesitas para vencer las batallas y amar la guerra por tu alma.

Hay un fenómeno misterioso que he encontrado cuando trabajo con gente afligida y sus demonios. Un demonio siempre se hace ver, aun cuando su meta es confundir o guiarte en creer que no está ahí. Los demonios tienen algunos signos clásicos de su presencia y aunque hay muchas presentaciones, tienen algunas cosas en común que la mayoría de la gente experimenta.

El Pacto del Sanador: **No te Rindas**

Signos importantes de presencia demoniaca

Los demonios están presentes cuando una persona que usualmente no es bíblica, se empieza a poner bíblica, usando palabras como *maldad, blasfemia, pecado* y *pecador* u otras referencias bíblicas, o de alguna forma comienza a empaparse en esa visón antigua y bíblica del mundo.

Los demonios usualmente son muy vulgares y muy astutos en cuanto a qué vulgaridades usar para crear la mayor cantidad de miedo o disgusto en aquellos que atormentan. Te llamarán una zorra y ratero y utilizaran cada palabra mala en el diccionario, diciendo lo que sea necesario para ellos en su asalto sobre tu autoestima: *gorda, fea, no querida, no amable...* lo que sea que necesites escuchar para ser desgastada hasta sentirte impotente y sin esperanza.

Ellos hablarán sobre matar, muerte, morirse y la posibilidad de dañar a tus seres queridos, si ellos están amenazados.

Ellos se reirán en tu cara y te dirán que a nadie le importa y que nadie te puede ayudar.

Más que nada, ellos quieren que creas que jamás te dejaran sola.

Recuerda que las cosas que dice están diseñadas especialmente para ti y tus detonantes. Enfrentar tus propios medios no dejará nada para que el demonio se agarre.

La dimensión ardiente del infierno

Solía pensar que un alma perdida era una profunda tragedia, hasta que vine a entender que la curación era inevitable, que aquellos perdidos eventualmente serían hallados, aquellos que habían sufrido pérdidas serian reconciliados, y que aquellos que lastimaron a otros eventualmente entenderían el sufrimiento que causaron. Esto era el significado de Karma. Habiendo dicho eso, el infierno existe que fuego y todo. Demonios con escamas, cuernos y ojos rojos, a veces garras y colas.

La experiencia del infierno es una particular dimensión de energía que aquellos que lo experimentan se han vuelo abiertos a ello. Esta consciencia dimensional puede ser pasada hacia los descendentes. Puede ser transformada a través de un acto violento u encuentro sexual o detonado por el uso de drogas y violencia hacia sí mismo. Esta dimensión demoniaca no es común para todos, pero para aquellos que la perciben, esa aterradora y tumultuosa.

> Recuerda que las cosas que dicen están personalmente diseñadas para ti y tus creencias y detonantes. Enfrentar tus propios miedos no dejará nada para que los demonios se agarren.

Estos demonios son aterradores y nunca paran. Su único poder, sin embargo, viene de que te convenzan de que estás eternamente afligido por ellos. De nuevo, enfrentar tus miedos, ser honesto y abierto sobre tus secretos más profundos y oscuros, y regresar en el tiempo y espacio al origen del evento que te abrió a su existencia son formas de parar la aflicción.

Si este es tu camino, de profunda y brutal honestidad con ti mismo, es tu salvador.

Dimensiones pasadas y presentes

Hablando energéticamente, la única forma que una vida pasada se deja en el pasado es cuando es completamente neutra y reconciliada en el tiempo presente. Tu espíritu mantiene récord de cada experiencia y sentimiento que tienes. Cuando tiene experiencias y sentimientos traumáticos que no han sido completamente trabajados a todos los niveles de percepción, la experiencia está muy en tu mundo presente aún si la ignoras, la colocas a un lado, y la cubres con comportamientos compensatorios. Esta energía reconciliada también puede ser pasada a futuras generaciones, puede ser pasada a otra persona que está mejor capacitada para procesarla, o puede ser cargada con tu alma hacia subsecuentes encarnaciones.

¿La tercera es la vencida?

Había estado en la ciudad de Nueva York por casi un año, cuando conocí a una mujer en la apertura una galería de arte. Y, con cinco minutos de conversación, esta mujer me dijo que había sido violada por el mismo hombre tres veces. Él era un hombre quien ella no conocía; él conocía su horario y tres veces la había esperado fuera de su departamento en medio de la noche y la violó cuando regresó del trabajo.

Estaba asombrada en tanto niveles. Todo sobre la conversación parecía ridículo, pero también sentí profundamente que estaba diciendo la verdad. Por supuesto, le pregunté qué había dicho la policía, y me confesó decidiendo que no les había hablado. El violador dijo que lastimaría a su familia, y ella estaba aterrorizada. Mi mente estaba llena de preguntas que ella no podía, en su estado actual de terror, contestarme.

No estaba ni lo más mínimo sorprendida que me estuviera contando todo esto. Yo escuché intensivamente, y cuando ya no había más que decir me quedé contemplando por un minuto antes de hablar. "Tienes más poder y valentía de lo que sabes. Cuando estés listas, pararás a este hombre."

Ella suspiró un poco en alivio, como yo lo hice. El anfitrión de la fiesta interrumpió la conversación, se fue, y ya nunca la vi.

Whew, pensé- *karma.*

Es fácil estar sentado fuera de una situación que involucra a otra persona y juzgarla por lo que piensas que deberían hacer, o a veces, lo que tú piensas que harías en la misma situación, pero había demasiadas preguntas sin contestar. ¿Quién era esta mujer? ¿Quién era este hombre? ¿Cuál era su conexión e historia? ¿Por qué no hacía nada? ¿Cuál era el poder que él tenía encima de ella? ¿Qué es lo que necesitaba para poder detener esta situación? ¿Una fuente externa pararía esta situación? ¿Sería parada?

Entiende que todas estas preguntas ya debieron ser contestadas: son dimensiones de energía que han sido abiertas. Cuando esta mujer vino a mí, ella vino para compartir su carga, ella abrió una puerta hacia mí que yo acepté al escuchar energéticamente y emocionalmente buscando respuestas para ella. Le cerré la puerta cuando le di mi respuesta (o en este caso, mis pensamientos), y ahora cerraré la puerta en todas estas preguntas también.

¿Qué, naciste en una granja?

¿Quién era esta mujer? *Una Sanadora.*

¿Quién era este hombre? *Un terrorista.*

¿Cuál era su conexión e historia? *No me importa.*

¿Por qué no hacía nada? *Porque su obligación era más grande que su miedo de él y sus asaltos.*

¿Qué poder tenía el por encima de ella? *Para mí, no importaba.*

¿Qué es lo que necesitaba para poder detener esta situación? *Despertar de su vulnerabilidad pasada hacia su fuerza actual.*

¿Una fuente externa pararía esta situación? *No.*

¿Sería parado? *Sí.*

Cuando abres una puerta, debes cerrarla cuando termines. Mi mamá decía, "¿Qué, naciste en una granja?" Sólo puedes conocer el sufrimiento de alguien al ponerte en su situación, lo cual significa sus modos, sus creencias, y sus relaciones a sus experiencias. La empatía es la forma de hacer esto, y cuando tenemos la habilidad de empatizar con alguien, es porque resonamos con ellos de alguna forma. Tal vez tengamos experiencias similares creencias, o sentimientos a un nivel en el que estamos conscientes o a un nivel donde no.

Empatía significa libertad

Ahora de verdad quiero que pongas atención aquí. Si no obtienes otra cosa del libro, obtén esto. Llorar y la expresión verdadera de emoción-duelo- es una de las cosas que nos transforma nuestra vieja, densa energía e invita a que entre nueva luz hacia nuestro sistema de energía en el cuerpo. Es la presencia de esta nueva luz e información que nos ayuda a lograr entendimiento. La gente en verdad recibe un golpe en cuanto a esto porque en las casas alrededor del mundo llorar y la expresión de emoción es percibida como debilidad o como una demostración de falta de dominio sobre uno mismo. No es la falta de llanto - es la aceptación de su necesidad y la sumisión a esto, con dominio. Esa es la meta.

El aura

Tu cuerpo físico tiene un sistema de energía llamado aura. Está compuesto de diversas capas vibratorias de energía, a través de las cuales expresamos e interpretamos nuestros pensamientos y emociones, entre otras cosas. Tu aura es la forma por la cual tu cuerpo conduce energía a través de sus centros de energía llamados *chakras,* los cuales son vórtices justo enfrente y por detrás del cuerpo físico. Una chakra trae energía nueva, y –como un sistema de escape- libera energía que ya no te sirve.

Tu chakra también da tu luz a otros. Cuanto un sanador da o quita energéticamente, de o hacia su ambiente, depende de que tan desarrollado espiritualmente esté. Aquellos en lucha, por un tiempo, tomarán más de otros de lo que son capaces de dar.

> Entender el sistema de energía tu ayuda a entender como tu mente, cuerpo, y espíritu procesan información. Conforme comienzas a entender que tan fácil es desglosar las cosas a pequeños pedazos del tamaño de un mordisco, hará todo en tu vida más digestible, manejable, y alegre.

El aura está conectada al mundo físico a través del sistema nervioso central y a través de tu mapa de glándulas que llamamos el sistema endocrino, los cuales sirven como un sistema directo a tu mente y circuitos nerviosos. *Kundalini* es la energía evolucionaria de fuerza de vida, o energía sexual (y con sexual, nos referimos a que busca unificar el cuerpo, mente, y espíritu).

Energía Kundalini (llamada *chi* en chino) es generada del cuerpo en la base de la espina y viaja hacia arriba por la espina hacia el cerebro y de regreso hacia abajo. Mientras viaja hacia arriba y hacia abajo, el kundalini pasa a través de ciertos chakras a ciertas etapas de desarrollo en tu vida. Conforme te desarrollas espiritualmente, la energía kundalini activa tus glándulas endocrinas. Por ejemplo, el kundalini activa a tu glándula pituitaria al inicio de la pubertad.

A través de la historia, hay evidencia sobre el reconocimiento de este sistema de energía en casi todas las culturas, incluyendo Cherokee, Maya, Tibetano, judíos antiguos, Hindú, y Egipcio. El más grandemente formulado sistema de energía es hindú. Mientras hay literalmente cientos de vórtices en las muchas capas de cuerpos energéticos que conforman quienes somos, he hecho una combinación simplificada del chakra y sistema de energía que he encontrado y que mejor describe la información que necesito mientras atravieso por el proceso espiritual. Te motivo para que hagas tu propia investigación en la materia porque es muy amplio y fascinante.

Tu aura tiene cuatro capas básicas y diez chakras para ser discutidos aquí: la capa eterica o doble de cuerpo (hábitos), el cuerpo emocional (también llamados cuerpo astral), el cuerpo mental (pensamientos), y el cuerpo casual (espíritu vibracional más alto). Cada centro de energía recibirá y transmitirá energía desde las capas de aura que serán traducidas por tus pensamientos y sentimientos para transmutación (procesamiento) a través del sistema nervioso central y sistema endocrino en el cuerpo físico. Los campos áuricos recibirán información y lo traducirán a la mente, emociones, y cuerpo físico. Es a través de la curación de campos áuricos de energía que el cuerpo físico también podrá sanar.

El campo áurico procesa de esta manera. ¿Alguna vez has estado hablando o escribiendo algo y no te puedes acordar de la palabra que necesitas? Bueno, esto me ocurre todo el tiempo. Así que, cuando no puedo pensar una palabra que quiero, le hablo a mi hermana. Ella es tan puntillosa como una aguja, y sólo el acto de conectarme con ella me ayuda a conectarme con el mundo que quiero, inclusive si no hablamos. Mi cuerpo mental se puede conectar al de ella y caeré en alineación con su enfoque. Al igual que ayudó a que otros se entonen con sus cuerpos emocionales como empatista, ella de igual manera me ayuda a enfocarme.

Hay muchos más chakras, subchakras, y capas al sistema de energía. Aquí alineo a las chakras básicas a los cuerpos de energía para ayudarte a hacer la conexión a sus interacciones. Aunque esta información puede no ser nueva para algunos de ustedes, asegúrate de que la escanees de todas formas, sólo para asegurarte que tengas en entendimiento y habilidad para aplicarlo para usarse aquí. Entender el sistema de energía te ayuda a entender como tu mente, cuerpo y espíritu procesan información. Conforme comienzas a entender que tan fácil es desarmar las cosas a pequeñas piezas el tamaño de un mordisco, hará todo en tu vida más digestible, manejable, y alegre- especialmente en tiempos cuando no parece ser ninguna de estas cosas.

El cuerpo eterico

El cuerpo eterico es la capa de energía a lado de tu piel. Se le refiere frecuentemente como el *doble cuerpo.* Tu cuerpo físico imita los patrones de energía del doble cuerpo, el cual en sí es creado por la información en todas las otras capas de energía. Nuestros hábitos diarios y respuesta a cosas residen aquí. Lo encontrarás referido como *en denominador común más bajo* en otros capítulos de este libro.

El cuerpo eterico está conectado a la chakra raíz y gobierna el cumplimento de tus necesidades básicas por comida, hospedaje, y auto preservación. También te mantiene anclado a tu cuerpo físico y conectado a la Madre Tierra. Alguien cuya atención está centrada aquí puede expresar más de estas emociones particulares: miedo, paranoia, enojo, falta de confianza, y pérdida o miedo de pérdida. Su sistema de creencias estará anclado en auto preservación. Este chakra está relacionado a tu mecanismo de lucha o huida en el cuerpo físico creado por el páncreas y los islote de Langerhans (dos pequeñas pero poderosas glándulas encontradas en el

páncreas). Cuando estas glándulas están alertadas, crean químicos que estimulan la consciencia y la fuerza aguda cuando el peligro es percibido.

Raíz chakra (primer chakra): Procesa el complimiento de necesidades básicas y tu conexión al planeta; gobierna sobre las piernas y muslos y base de la espina. Color: rojo.

Pie chakra (décimo chakra): Los pies son una conexión al mundo y lo que te aterriza y solidifica tu dirección. Ellos pueden entrar y liberar tu miedo más profundo y entrar y afrontar el todo abarcante amor y nutrimento energético del planeta. A través de los pies descubres nuevos caminos. Color: Coral

El cuerpo emocional

Después del cuerpo eterico, el cuerpo emocional en la siguiente capa. El cuerpo emocional está conectado al navel/bazo chakra, el plexo solar chakra, el corazón chakra, y la medula chakra. Mantiene un registro digital de todos tus actuales patrones emocionales, junto con los viejos, patrones no resueltos y duelo. Mantienes tus reacciones emocionales y respuestas que en algún nivel sientes vital para tu sobrevivencia. Es la capa que contiene tus memorias de trauma y pérdida, al igual que de éxito y alegría. El cuerpo emocional también alerta tu instinto, corazón, y mente de tu ambiente, y puede detonar el instinto de lucha o huida si percibe conflicto.

El conflicto a este nivel puede tomar la forma de cualquier cosa desde peligro físico y peligro emocional. Un sentido de peligro mental y físico se puede presentar, por ejemplo, cuando te das cuenta que estás cruzando camino con alguien que no tiene las mismas creencias que tú.

Este chakra también gobierna la energía sexual y el deseo, pero porque está conectado a la emoción cruda, es fácil percibir mal a alguien quien está crudo emocionalmente o sensitivo como siendo altamente sexual. La confusión de descubrimiento sexual temprano en una relación seguido es el resultado de este mal cálculo: Puedes pensar que le gustas a alguien o es atraído hacia ti porque son emocionalmente crudos. Cuando el cuerpo emocional es sobrecargado, la depresión puede suceder. Las emociones que frecuentemente son expresadas a través de estos chakras son amor, deseo, alegría, miedo, ansiedad, confusión, creatividad, culpa, obsesión, y compasión.

En el cuerpo físico, tus emociones serán expresadas a través de tus órganos sexuales, páncreas, hígado, riñones, vesícula, corazón, pulmones, estómago, bazo, y todo el trayecto intestinal. Este cuerpo también gobierna el equilibrio natural del peso corporal. El cuerpo emocional está conectado a las glándulas pituitarias, tiroides, hipotálamo, y timo. La gente que fluctúa en su peso corporal seguido tienen dolor emocional que no han dolido, trauma, experiencias de vidas pasadas, e hipersensibilidad a energía multidimensional, una híper-consciencia que hace a uno empático o psíquico.

Navel/bazo chakra (segundo chakra): Procesa emociones, y gobierna sobre el bazo y órganos reproductivos, al igual que el sistema glandular y energía kundalini. Color: naranja.

Plexo solar chakra (tercer chakra): procesa tu relación con el mundo exterior y tú autoestima; gobierna tu tracto digestivo. Color: amarillo.

Corazón chakra (cuarto chakra): Procesa la energía de amor y compasión y gobierna al corazón y pulmones. Color: verde.

Tiempo chakra (octavo): La medula/tiempo chakra se sienta sobre la base del cráneo y contiene tus registros Akáshicos (la energía, información, y memorias de tu pasado que son vitales a tu ciclo evolucionario actual). Al trabajar con este chakra aprenderás a mantenerte en el momento presente al trabajar a través de las energías que residen ahí. Color: azul violeta claro.

El cuerpo mental

El cuerpo mental es la siguiente capa desde el cuerpo emocional y contiene unos registros de tus creencias sobre ti misma, otros y el mundo. Te conecta a tu habilidad para procesar información a través del pensamiento y el análisis, a través del pensamiento racional. Tal pensamiento seguido es lineal en enfoque y ayuda al cerebro a procesar los conceptos de vida como pasados, presentes, o futuros.

El cuerpo mental usa dinámicas, como estrategias y tácticas, para navegar las experiencias de vida. El cuerpo mental también está conectado a tu habilidad para procesar lo que sientes y después comunicarlo verbalmente. Cuando el cuerpo mental es sobrecargado o fuera de equilibrio comúnmente resulta en ansiedad persistente, obsesión, comportamiento compulsivo, comportamiento antisocial, hiperactividad, o híper-alerta.

Garganta chakra (quinto chakra): Procesa comunicación y la auto expresión; gobierna a la garganta, tiroides, e hipotálamo. Color: azul.

Tercer ojo o sien chakra (sexto chakra): Procesa visión y percepción espiritual y gobierna la glándula pineal, timo, y ojos. Como: índigo.

Cuerpo Casual

El cuerpo casual es otro nombre para el cuerpo espiritual, pero se refiere directamente a la energía más alta o menos densa con la que nos relacionamos mientras estamos en nuestros cuerpos físicos. En él están contenidos otras capas/niveles vibraciones. Pero para nuestros propósitos aquí, nos enfocamos en él como un entero. Es el nivel de energía al que nos podemos conectar a través de nuestras creencias más altas, filosofías e ideales; a través del cuerpo casual podemos reconocer la presencia de seres angelicales y otros seres vibracionales más altos que se comunican con nuestro mundo.

En nuestro cuerpo físico, el cuerpo casual se conecta al corazón chakra. La Estrella de David es su símbolo, relacionándose al concepto que Dios vive en el corazón. La corona chakra e asienta justo encima de la cabeza y se conecta a la glándula pineal, una glándula que crea un químico natural llamado DMT (N, N.dimethytryptamina) que te permite tener visón espiritual. DMT es un alucinógeno natural. El cuerpo casual también se conecta con el timo, que tiene su propio chakra justo por debajo del corazón, localizado donde está el proceso xifoideo. Conecta tu memoria de alma al cuerpo físico y tu sistema inmune.

Corona chakra (séptimo chakra): Procesa la sabiduría más alta, información espiritual, y nuestra conexión a otras dimensiones de energía; gobierna al cerebro. Color: morado

Corazón chakra (cuarto chakra): Procesa la energía de amor y compasión y gobierna al corazón y pulmones. Color: Verde

Alma chakra (noveno chakra): Mantiene registros espirituales actuales del plan o destino de tu alma. Tu destino puede incluir eventos muy específicos que ocurrirán en tu vida, pero predominantemente contiene dinámicas que te atraerán situaciones probables y eventos que no necesariamente son "destinados". Esta información gobierna al timo, la cual regula al sistema inmune en el cuerpo físico. Este chakra está ubicado arriba de la corona chakra. Color: oro blanco.

Como Conocí a Oso Estrella

En el comienzo de mis años veinte yo vivía en Harlem y estaba tomando clases de actuación, baile Afro-Haitiano, y atendía mesas en un café italiano local. De hecho, yo tenía dos departamentos: un pequeño cuarto sobre la Calle 110 con una fabulosa ventana bahía viendo a Broadway de un segundo piso arriba de un tienda de comida coreana; y; mi favorito, un piso de renta de ghetto controlado por la Ciudad de Nueva York. Era una caminata hacia arriba de cinco pisos que me había agarrado (y pagaba renta) hasta que la ciudad me dio un contrato. El edificio era de los años 1800, justo en la orilla de Central Park y Eighth Avenue. Mucho de los edificios a un radio de tres cuadras estaban quemados o abandonados y la ciudad había asumido control porque de los dueños antiguos debían impuestos. Cuando me "mudé", el departamento 3R no tenía ventanas, lo que significaba que ahí estaban lo hoyos pero no había ventanas. Después de que la corte me diera un contrato de arrendamiento de la ciudad, mandaron a un equipo a que arreglaran las cosas, y pronto tuve mi propio estudio de *Flash Dance*, con todo y paredes con espejos. Este no fue el diseño de la ciudad, por supuesto; era mío. Hice amistad rápida con el equipo, y la falta de supervisión me permitió tomar una pared y convertir a un departamento de tres cuarto en un estudio de baile con un enorme closet, recamara, cocina y baño.

Muchos de esos meses estuvieron llenos de drama, falta de trabajo, y la domesticación de las voces dentro de mí- ya había muchas voces rogando para ser expresadas. Como regla, yo comía bastante bien porque tenía trabajo en un restaurante, así que la ganancia y pérdida de peso siempre eran difíciles para mí. No voy a mentir: estaba enojada con el mundo y molesta con duelo de todo, desde haber sido violada, al presenciar la diaria población siempre creciente de gente sin hogar en Nueva York, parecía que a nadie realmente le importaba. Yo estaba, sin embargo, muy inspirada de cavar una nueva vida para mí misma.

No había sido hasta que había trabajado en un establecimiento de comida que mi hambre me empezó a motivar. Afortunadamente había hecho algunos amigos locales que sabían que vivía sobre un borde emocional y realmente buscaran hacer que todo fuera más fácil para mí. Uno de estos amigos era un herrero quien estaba ensamblando la estructura de un edificio alto siendo construido al otro lado de calle. Llamado Gran Rojo, con pelo rojo irlandés y una estatura imponente, él estaba en el final de sus años 50 y me vio cómo su hija. Cada día que estuviera trabajando, alrededor de la hora de la comida la bocina sonaría en mi departamento; era Gran Rojo.

"¿Tu orden de almuerzo regular hoy? ¿Vamos a V&T?"

"Si, Rojo, gracias," Yo contestada y después me estaba en lágrimas. Normalmente las lágrimas se iban para cuando llegaba la comida.

Habiendo trabajado desde que tenía trece año, no estaba acostumbrada a que alguien pagara mis cosas-al menos así es como yo justificaba mi respuesta emocional a la amabilidad de alguien, en ese entonces. V&T tenían esta hamburguesa muy grande y fuera de la común que venía con papas. Frecuentemente, podía al menos conseguir dos comidas de ella. A veces bajaría a platicar con Rojo. Él siempre sabía cuándo había estado llorando pero nunca preguntaba. Él sólo me alimentaba y me platicaba sobre eventos actuales. Yo apreciaba eso.

No importaba que, hubiera decidido que no iba a aguantar nada de eso. Necesitaba un trabajo y mis estrategias no habían estado funcionando, así que una vibrante, ligeramente frio día de octubre me desperté con una convicción: Iba a salir, iba a conseguir un trabajo, y no iba regresar a casa hasta que lo hiciera.

Recuerdo el día en que Oso Estrella se hizo elevado en mi consciencia, a más que sólo una voz de razón y diplomacia. Lo recuerdo como si fuera ayer. Fue un día poderoso para mí. En ese punto no había trabajado por un par de meses y las cosas se estaban valiendo mal. Afortunadamente la ciudad estaba muy floja en sus políticas de desalojo; de otra forma, hubiera salido sobre mi nariz. No importaba que, hubiera decidido que no iba a aguantar nada de eso. Necesitaba un trabajo y mis estrategias no habían estado funcionando, así que una vibrante, ligeramente frio día de octubre me desperté con una convicción: Iba a salir, iba a conseguir un trabajo, y no iba regresar a casa hasta que lo hiciera.

Recuerdo salir ese día caminando hacia el sur sobre la Avenida Columbus, con mis últimos ocho dólares en el bolsillo, esperando encontrar un trabajo en uno de esos establecimientos coquetos y a la moda que parecían ser la gran cosa. Para las once de la mañana estaba teniendo pensamientos sobre que cafetería podría estar abierta la veinte y cuatro horas donde tal vez podría sacar un vaso de café hasta que los gerente regresaran el próximo día- aunque, aún era temprano en el día. La gran cosa sobre los Neoyorkinos es que cuando haces una pregunta concreta, consigues una respuesta concreta.

"¿Soy mesera, tiene trabajo para mí?"

"No. Buena suerte."

> Había caminado por sesenta cuadras, y ese era el coro.

La historia del Jefe Doe-Wah-Jack

Eran como las tres de la tarde y ahora estaba en completa contemplación de las posibles cafeterías de veinte y cuatro horas en caso de que necesitara refugio; después de todo, no podía ir a casa. Sintiéndome un poco desmotivada y un poco cansado alrededor de la Calle 27 y la Séptima Avenida, me di cuenta de un letrero rojo brillante de *Venta* en una pequeña tienda de cháchacharas al otro lado de la calle. Chatarra en venta-cualquier cosa de venta de hecho-siempre me alegraba.

Caminé hacia el cesto de venta de cháchacharas en frente de la tienda y vi un letrero que decía de dos a cinco dólares. Esto era magia para mis orejas. Había muchas cosas maravillosas, para las dos que agarraron mi atención fueron una pequeña estatura de cobre de bebé Kishna y una estatua que parecía de bronce del *Jefe Doe-Wah-Jack*. Por un momento perdí mi aliento y mi corazón se abrió y no sentía miedo de estar despierta toda la noche en una cafetería si no podía encontrar un trabajo. El jefe era un hombre regio vestido en togas espirituales y lo que parecía ser un collar de perlas y garras de oso.

Sabía que era para mí.

Compré a Krishna para un amigo como señal de gratitud, y me compré a Doe-Wah-Jack para mí. Saqué los cinco dólares, dejándome con tres para la anticipada taza de café. Estaba en mi camino de nuevo. Me pregunté ¿Quién *era este Doe-Wah-Jack*? Sosteniendo a la pequeña estatua de ocho pulgadas en la mano, dije "Doe-Wah-Jack, necesito tu ayuda para encontrar un trabajo. De verdad no quiero estar en una cafetería de mala muerte toda la noche."

No me mal entiendas aquí. Sabía que la estatua no iba a ayudarme pero ver la reflexión de este fuerte, hombre indígena Americano calentó mi corazón y de alguna forma me hizo sentir a salvo. Y si tuve bastante diversión hablando con él y presentándole a todos los lugares donde me paraba. Sé que probablemente estés pensando que es por eso que no consigo trabajo- estaba presentando estatuas y todo- pero era una muy buena pieza de conversación.

Finalmente, llegando hacia la aldea justo entre Este y Oeste, estaba caminando sobre Lugar Universidad. No había muchos establecimientos por ahí, así que estaba caminando bastante rápido cuando de repente todo mi cuerpo se detuvo, como si hubiera chocado con una puerta corrediza. Fue tan abrupto que me asustó. Estaba parada en frente de una puerta negra no discreta con un pequeño letrero destrozado que decía *Bradley's*. Parecía uno de esos bares tenebroso que abrían a las 8, así que no estaba muy motivada para pasar por la puerta. Empecé a seguir por la calle y de nuevo pegué con una puerta de vidrio, esta vez riéndome de lo ridículo que era todo.

Entonces, con Doe-Wah-Jack en mano, pasé por la puerta y entré, entrando en un tranquilo y pacífico lugar con detalles encantadores de madera, un gran piano, y como quince mesas. Había un señor grande con pelo plateado sentado solo en el bar disfrutando su vodka en rocas y un chaparro, muy delgado hombre que parecía leñador atrás del bar. Los dos estaban charlando. Caminé hasta adentro y me senté en la orilla del bar pegada a la caja registradora, poniendo a Doe-Wah en la barra al lado de mis manos dobladas... y esperé.

El barman no me prestó atención por unos minutos y después caminó al lado de la caja para agregar una bebida a la cuenta del cliente.

Él me volteó a ver y en estilo verdaderamente Neoyorkino dijo, "¿Les puedo ofrecer a ti y a tu amigo una bebida?".

Ambos sonreímos.

"Bueno, estoy buscando un empleo, soy mesera. ¿Sabes si hay algo disponible aquí? Mi nombre es Tracee, por cierto."

"Soy Rich," Él dijo. "Deja te doy un refresco mientras esperas. El gerente esta atrás, y voy por ella."

"Eso estaría genial, gracias. Una Coca-Cola," dije mientras pensaba, *espero que esté invitando este refresco porque puede que necesite comprar una taza de café más tarde.*

En unos diez o quince minutos una mujer brillantemente blanca (tan pálida como había visto), con fabuloso pelo blanco de los ochentas, que se paraba a unos seis pies cuatro pulgadas de altura, salió de la oficina de atrás. Ella era polaca y tenía un acento encantador.

Ella dijo, "¿Hola, eres mesera?"

Le dije, "Sí."

Ella dijo, "¿Puedes venir y entrenar para el almuerzo mañana y después te puedo poner en el horario para jueves, viernes, y sábado si resulta? La capitana de meseras estará aquí en ese entonces."

"Eso sería increíble," le dije son un gran suspiro de alivio.

Ambos nos reímos cuando nos dimos cuenta que ni nos habíamos presentado. Ella desapareció hacia la oficina de atrás, y Rich y yo charlamos un poco.

"Bueno, parece que es tu día de suerte. ¿Quién es tu amigo aquí?"

Me reí y dije, "Si, veo que lo es, y honestamente no tengo idea. Gasté mis últimos cinco dólares en él, de alguna forma sabía que me ayudaría a encontrar trabajo, y venimos directamente aquí."

"Bueno felicidades," dijo Rich, "Tu bebida va por mi cuenta."

Resulta ser que este establecimiento era una de los clubs de jazz icónicos de la Ciudad de Nueva York. La gente venía de todo el mundo para escuchar y tocar jazz aquí. La experiencia fue muy cambiante para mí a muchos niveles. Fue el primer sitio donde clarividentemente vi demonios sobre la gente y fue donde cultivé maravillosas amistades algunas que aún nutro hasta este día.

> EL UNIVERSO ES REPRESENTADO EN CADA UNA DE SUS PARTÍCULAS. TODO EN LA NATURALEZA CONTIENE TODOS LOS PODERES DE LA NATURALEZA. TODO ESTA HECHO DE UNA COSA OCULTA; MIENTRAS EL NATURALISTA VE UN TIPO DEBAJO DE CADA METAMORFOSIS.
>
> RALPH WALDO EMERSON

En verdad amo como funcionan los espíritus; realmente nunca hay coincidencias, y todo de hecho ocurre por alguna razón. En cuanto a Doe-Wah-Jack, me tardó algo de tiempo entender todo ello. En Los Ángeles, una colega mía canalizó para mí a Doe-Wah-Jack. La información fue un poco confusa y no muy clara. Parecía ser que era jefe pero que realmente no vivió. Para mí, la estatua representaba a Oso Estrella, el espíritu con quien yo me comunicaba regularmente. Oso Estrella si vivió algunos siglos antes.

Por muchos años, intenté encontrar toda la información que pude sobre cualquiera de ellos. No fue hasta literalmente la escritura de este capítulo, que encontré en verdadero origen de Doe-Wah-Jack, el jefe se había hecho googleable. Evidentemente, en los años 1800, en Dowagiac, Michigan, una empresa de estufas de hierro llamada Round Oak fue fundada por P.D. Beckwith, Inc. Jefe Doe-Wah-Jack ere un jefe indio ficticio quien aparecía en la mayoría de la publicidad de Round Oak Stove Company y estufas hasta la caída de la empresa en 1946.

A los clientes les costaba trabajo pronunciar *Dowagiac*, así que cuando un cliente prospectivo llamó y le pedía al operador una conexión, el jefe Doe-Wah-Jack remediaba ese problema al darle la escritura fonética de la ciudad. Me reí fuerte y mucho a ello; y aunque mi estatua de Doe-Wah-Jack probablemente tenía algo de valor antiguo, su presencia había sido invaluable para mí. Él está orgullosamente en mi altar hoy en honor a todos los que han vivido antes que yo y una referencia a la gran publicidad americana antigua.

> **Paciencia y perseverancia son tus dos armas más fuertes contra un demonio. Y de igual manera, son la herramienta más formidable de un demonio en contra tuya. La naturaleza de un demonio nunca cambia, sin embargo un ser humano es siempre cambiante.**

El Ritual Del Sanador:
Contestando Preguntas Vieja

***Lo que necesitarás:** una vela blanca, pluma, y papel.*

Siéntate en un lugar cómodo y prende tu vela. En el ejercicio de hoy vas a traer a tu mente una conversación sobre la cual tienes preguntas. Podrás necesitar sentarte un momento y tomar varias respiraciones profundas para relajarte y permitir que la información venga hacia el frente. Escribe todas las preguntas una por una y después usando tu imaginación, contéstalas. Cierra tus ojos si las necesitas leer en voz alta y después contéstalas con el primer pensamiento que te viene a la mente. Escribe lo que se te venga en un papel.

No te preocupes sobre entenderlo aún; sólo escribe lo que sea porque no hay respuestas incorrectas. Una vez que has hecho esto con todas tus preguntas, baja el papel y vuelve a tomarlo el próximo día a la misma hora. Lee de nuevo todas tus preguntas y respuestas y si más preguntas salen repite el proceso de nuevo. Sigue haciendo esto hasta que te sientas completamente que la *puerta* hacia la pregunta se ha cerrado.

PARTE 5
Úsalo o Piérdelo

Los Demonios Usan Tus Deseos En Tu Contra

Las Armas Del Sanador:

Curiosidad, Expresión, Integración, Límites, Paciencia

Jane Overland: Detective de la Mente

Sin importar qué, siempre hay sacrificio. Para adquirir algo mejor, debes renunciar a algo para hacer lugar. Para encontrar equilibrio, debes renunciar los extremos para tener moderación, orgullo para humildad, o hambre para plenitud. Recuerda que puedes tener lo que sea que quieras, y muy posiblemente, lo que tienes es de hecho lo que quieres.

Jane Overland es la investigadora psíquica a quien la gente le habla cuando necesitan más entendimiento e información sobre ellos mismos, o cuando necesitan una estrategia para transformar su situación. Lo que a veces no se dan cuenta es que una vez que tienes la información, el cambio es inevitable.

Ya casi era de noche y Jane se estaba preparando para ir a la biblioteca cuando recibió la llamada. Finalmente, la reunión por la cual había estado luchando había sido acordada por todas las facciones, quienes Jane habían estado trabajando por mucho tiempo para juntar. Se había estado reuniendo en secreto con cada una por varios meses. Pero hasta ahora habían resistido, no mostrando interés en llegar a la mesa.

Había un lugar especial en el desierto alto, una agrupación de árboles que de alguna forma habían crecido a través de los años. Se doblaban entre sí, casi formando una cueva. Esa ahí donde ella se reunía con los Elitistas. El poder que poseían era autorización, un sentido de confianza como ningún otro. Pero Jane sabía que su actitud tenía sus raíces en el miedo de perder todo lo que habían logrado y a veces quitado de otros. Ella esperaba que algún día entendieran que había suficiente para todos-no importa qué. Siempre se reunían en las horas de la media noche, y la cueva siempre estaba alumbrada por una vela o dos. Jane nunca vio sus caras, pero no necesitaba hacerlo; ella podía ver sus corazones.

Ella se reuniría con los Emos en la tarde en una cafetería. Ella siempre los podía encontrar en la computadora haciendo algo. Le tomó meses para que los convenciera que reunirse con otros grupos podría ser de ayuda. (Conocer a otros los volvía nerviosos.) Los Emos tienen una habilidad especial para procesar muchos flujos de inteligencia simultáneamente, y porque lo hacen con sus mentes se pueden sobrecargar con otras emociones muy fácilmente.

Los Góticos siempre estaban un poco interesados, aunque lo escondían mientras estaban en la presencia de Jane. Parecía que nunca se levantaban antes de las tres de la tarde y francamente no le parecía que a alguien le importara- objetividad no era su especialidad. Jane pensaba que eran tan artísticos y visionarios, y realmente apreciaba su habilidad para ver el centro de un asunto. Su visón los podían llevar muchos más allá de los detalles triviales hacia el origen de un patrón. Debido a ello, ellos siempre eran muy serios la mayor parte del tiempo.

Los regulares, créelo o no, fueron los últimos en estar de acuerdo con la reunión. Primero que nada, no pensaban que necesitaban reunirse con los otros- después de todo, *qué podría hacer cualquiera de ellos por nosotros,* pensaban. En la superficie, los Regulares eran bastantes buenos en la mayoría de las cosas y no pensaban que necesitaban a alguien más. Tenían un muy buen sentido de humor y se dirigían hacia todo con una racionalidad. Pero después de meses de la preguntas penetrantes y perpetuas de Jane llegaron a darse cuenta que debajo de todo estaban un poco asustados de los otros. A los Regulares, los otros siempre parecían ser tan dramáticos. Resulta ser, el miedo era un común denominador que todos compartían.

> **Para encontrara equilibrio, debes renunciar a los extremos por moderación, orgullo por humildad, o hambre para plenitud.**

La reunión estaba hecha. Ellos la querían tener en una casa fúnebre.

Hmm, pensó Jane. "¿Bueno, por qué no nos vemos en mi casa? Esta bastante cerca de una casa fúnebre- con todo y gente muerta, unas cuantas urnas, algunos árboles grandes, y un jardín".

Todo el mundo llamaba a su casa *La Casa de Felicidad de Jane,* y esto hizo que todos se rieran un poco. Pensaban que Jane era un poco tonta. Ella siempre estaba tan inspirada y positiva, rasgos en los que los demás no confiaban. Así que eso era otra cosa que tenían en común: se podían burlar de Jane.

El único tiempo de reunión en el que todos pudieron coincidir fue al atardecer. No era luz ni oscuridad, todos serían capaces de verse claramente, y dependiendo del clima, tal vez tendieran una hora de oro. Parecía que a todos de alguna forma estaban esperando esta reunión.

Jane era un ave única ella misma: piel pálida, pelo corto y café quemado; una figura liviana, y no parecía tener mucha sexualidad en ella. Aun cuando usaba su mini falda de franela muy corta, la gente le prestaba más atención a los enormes, redondos lentes que usaba que la hacían parecer como si estuviera en una pecera.

Jane podía habar con cualquiera, y nunca nadie se sintió juzgado. Ella disfrutaba utilizar su intensa curiosidad, visiones clarividentes, telepatía, fe, y determinación para ayudar a unir a la gente en un entendimiento común del uno y el otro. Esa siempre era la meta. Ella tendría mucho trabajo por hacer en este grupo. Estas eran todas las facciones de poder que habían estado luchando por control por años. Todos tenían ideas y creencias tan profundas pero carecían de entendimiento del verdadero significado atrás de esas creencias, y ahora era hora de llegar a un entendimiento.

Los Elitistas sabían de los derechos del hombre en el reino de Dios, el poder de Dios, y su misericordia. Sin embargo, a través de los años ese sentido de posesión se convirtió en arrogancia e ignorancia. En algún punto del camino empezaron a creer que eran los únicos con derecho y no sólo que eran diferentes a los demás sino eran mejores que el resto. Esta ilusión se convirtió en el cincel que prendió su separación de Dios. Los llevó a decisiones que veían por encima de las necesidades de los demás menos las propias. Pronto no había más que una constante lucha y pelea con todo y todos. Es por eso que preferían las horas más oscuras.

Los Emos sabían que tenían acceso a toda la información de Dios todo el tiempo. Eran muy inteligentes. El problema es que realmente no confiaban en nadie. Ellos sabían que eran diferentes y realmente no les importaba tratar con las autoridades. La interacción con los demás les dio mucha ansiedad porque tenían dificultad procesando sus sentimientos a través de empatía. Así que se mantenían a ellos mismos, y pronto se volvieron aislados y solos. Esta ilusión se convirtió en el cincel que prendió su separación de Dios. ¿Después de todo, de que te sirve una inteligencia increíble e infinita si no la puedes compartir con otros?

Los Góticos tenían ríos profundos. Ellos eran buenos percibiendo sentimientos y creativos y sabían que eran diferentes. Todo lo que querían era expresarse, ser aceptados y afrontados. Ellos recibían la visión de Dios y se sentían tristes la mayor parte del tiempo porque tal asombro penetrante todo el tiempo podía ser una carga, especialmente en el inicio. Esta ilusión se convirtió en el cincel que prendió su separación de Dios. Mientras más creían que nadie entendía, más perdían entendimiento de la visión de dios.

Los Regulares eran...bueno, ellos sólo eran regulares. No les importaba mucho lo que no les afectaba. Ellos estaban enfocados en conseguir lo que necesitaban ellos mismos, y realmente no veían mucho más, viendo por encima de las necesidades de otros. Una fuerte ética de trabajo era su atributo más grande, pero pronto su ambición se convirtió en el cincel que prendió su separación de Dios. Pisoteando a la gente o lastimándola para adquirir lo que necesitas produce una cantidad significante de daño a lo largo del tiempo tanto al espíritu como a la familia que aún está por nacer.

Era la noche de la luna llena, treinta minutos antes del atardecer. Los Emos eran los primeros en llegar. Jane había hecho un círculo de cinco sillas alrededor de una gran mesa de madera afuera por debajo del árbol más grande en el jardín, y cada uno de los grupos mandó a su líder. La mesa estaba cubierta por una tela negra y en frente de cada silla había una vela de color junto con un cristal especial. La luna que subía era visible en el cielo.

El líder Emo se sentó en la silla con la vela índigo y un relajante trozo de florita. El siguiente en llegar fue el líder de los Regulares; él se sentó en la silla con una vela amarilla y un pedazo de citrina. Dos minutos después de la hora citada, llegó el líder de los Elitistas, sentándose en una silla con una vela verde y una pieza de cuarzo rosa. Finalmente, apresurándose un poco tarde fue la líder de los Góticos. Ella se sentó en el lugar con una vela roja y un bello pedazo de carmelina.

Jane se dirigió al grupo: "Durante los meses previos he escuchado atentamente a todos y cada uno de los deseos, esperanzas, dificultades, y miedos de cada uno de los grupos. Entonces esta reunión no es para escucharlos de nuevo. Es para decirles a todos de su valor profundo. He pasado tiempo investigando a cada uno de ustedes y encuentro que es el miedo que los une el uno a los otros, la creencia que no necesitan a nadie más o que no hay nadie más que lo entienda. Sus miedos de no ser aceptados por quienes ustedes son es su denominador común más bajo. Entonces, les quería dar a cada uno de ustedes mi reporte completo."

"Sabía que cuando me pidieron que investigara las cosas estaban esperando que yo llegara con razones por las cuales cada uno de ustedes eran mejores y más valiosos que los otros- aunque sabían en lo profundo que no podía.

"Elitistas: Ustedes son el corazón del grupo. Claro, su poder les puede servir a todos. Es cierto que el corazón es el sitio corporal donde Dios puede hablar plenamente, pero lo que se les ha perdido a través de sus generaciones es el conocimiento que entender e interpretar la palabra de Dios es imposible sin la mente de un Emo, la empatía y visión de los Góticos, y la correcta y enfocada acción de los Regulares.

> Todos tenemos aspectos de personalidad que funcionan como herramientas para ayudarnos en diferentes situaciones.

"Ninguno de ustedes fueron creados para actuar independientemente-jamás. Se necesitan el uno al otro, porque solos no pueden prosperar. ¿Me refiero a que realmente, de que te sirve saber qué hacer y no ser capaz de hacerlo? Cada uno de ustedes es un aspecto de amor que cuando se combinan hacen que este amor sea impenetrable; cuando todos ustedes contribuyen quienes son al entero, las cosas se mueven con poder, harmonía, y una luz que elimina la oscuridad."

"Entonces así es como van a ser: Elitistas, porque son los más poderosos, necesitarán consultar a los Emos y Góticos antes de pedirle a los Regulares que tomen alguna acción. ¿Está entendido?"

El líder de los Elitistas lloró por un momento y después habló, "Yo entiendo; gracias."

La líder de los Góticos caminó hacia él, puso una mano sobre el hombro del Elitista, y dijo "Yo entiendo."

El líder de los Regulares asintió, y estaba listo para ir. Él hizo una seña hacia el líder de los Emos, poniéndolo un poco nervioso.

El Regular dijo, "¿Por qué no llevamos a estas mujeres lloronas por una cerveza?" Viendo al líder de los Elitistas, él dijo "¿Eso estaría bien contigo?"

"Creo que eso estaría bien," ella respondió.

Tu Personalidad y el Diablo

Los demonios utilizan separaciones en tu personalidad y conflictos internos que puedes tener para causar más división y caos dentro de ti. Todos tenemos aspectos de personalidad que funcionan como herramientas para ayudarnos en diferentes situaciones. En ciertos momentos estos aspectos de nuestra personalidad se pueden convertir en una división de nuestra personalidad principal y crear un *alter* adicional, el cual es un aspecto de personalidad que aparenta ser aparte o al menos funcionar por separado de la personalidad principal. La creación de un alter puede ocurrir como resultado de un trauma o desequilibrio al nivel físico, emocional, mental o espiritual.

Una difusión en la personalidad se ve y se siente diferente que cualquier tipo de posesión o intrusión espiritual por una entidad. Sin embargo, algunas personas pueden tener barreras extremas entre personalidades. Por ejemplo, un aspecto de la personalidad puede funcionar mientras la persona no está consciente de ello y puede que no tenga memoria de lo hizo o dijo. Cuando esto es el caso, no es fuera de lo común que un aspecto de la personalidad tenga algún tipo de agregado espiritual.

Deja que la integración comience

Las relaciones amorosas y de amistad son una gran parte de cómo aprendemos sobre nosotros mismos porque nos vemos reflejados en los demás. Es parte de la razón por la cual los primeros cinco minutos de cualquier relación son increíbles: te estás enamorando de ti mismo otra vez, desde un nuevo punto de vista- al menos, claro, que no te agrades mucho, en dado caso las cosas siempre serán algo problemáticas.

Lo que creemos, o con lo que estamos cómodos sobre nosotros mismos, es el objetivo con el cual vemos a otros. Cuando nos limitamos a nosotros mismos, limitamos a otros. Es a través de nuestras relaciones que podemos empezar a integrar cualquier personalidad distinta que podemos tener. Mientras más gente conocemos, o mientras más experiencias tengamos, más podemos integrar y consolidar nuestra personalidad (herramientas) y los recursos que necesitamos para experimentar a la vida de forma equilibrada. Mientras esta integración de aspectos de nuestra personalidad ocurre, nuestras creencias deben cambiar también.

Eventualmente aprenderemos a expandir nuestras creencias limitadas, nuestra todo abarcadoras (pero aún excluyentes) opiniones de nosotros mismos u otros. Si utiliza cualquier oración que inicie con, *yo siempre, yo nunca, ellos siempre, ellos todos,* o *ellos nunca,* entonces lo que sea que siga esa frase en una oración es muy probablemente falso o no comprobado. Encontraremos este fenómeno seguido en cuanto a creencias sobre raza, etnicidad, nacionalidad, afiliación religiosa, identificación de género, orientación sexual, y estatus socioeconómico.

La gente puede tener alteres de personalidad diferentes, algunos de los cuales son vulnerables a la influencia demoniaca. No es fuera de lo común que una persona tenga un aspecto de su personalidad vulnerable a la aflicción espiritual. Mientras más tiempo un demonio te pueda tener confundida sobre quién eres y tu valor, al igual que las limitaciones, posibilidades, y valor de otros, más tiempo tiene el demonio para acceder hacia ti y tu poder.

Sin embargo es mi experiencia que a todos se nos dan vulnerabilidades y fortalezas que siempre se equilibran entre sí. Vulnerabilidades son áreas de nuestra personalidad y compasión espiritual donde somos capaces de recibir información nueva fuera de nuestra común denominador más bajo. Estas áreas, desafortunadamente, frecuentemente tienen dolor o memoria sin poder asociada a ellos. Esta nueva información, una vez que el dolor ha pasado por el duelo, será clave para transformar viejos, no queridos patrones de energía que causan comportamiento discordante, sentimientos, y reacciones emocionales.

Finalmente, es tu meta espiritual usar tus características inherentes de personalidad, habilidades, herramientas, y fortalezas; o innovarlas hasta el punto de utilidad, creando equilibrio a todo nivel de tu vida. Mientras podrá aparentar a ciertos tiempos que la baraja está en tu contra, has sido otorgada de todas las cartas necesarias para ganar cada mano que se te ha dado.

AQUEL QUE VENCE A OTROS ES FUERTE, AQUEL QUE VENCE A SÍ MISMO ES PODEROSO. AQUEL QUE ES SATISFECHO CON SU PÉRDIDA ES RICO; AQUEL QUE SIGUE ACTUANDO CON ENERGÍA FIRME TIENE UNA VOLUNTAD FIRME.

LAO TZU

Nunca subestimes tu habilidad para decir una cosa y hacer otra

Todos tienen una panza suave-ya sabes, la parte de tus sentimientos que es tan cierta que la quieres proteger con todo lo que tienes. Energéticamente, en el aura frecuentemente son esos sentimientos que están más presentes u obvios. Interesantemente, estos sentimientos están ahí para proteger tus sentimientos más profundos y verdaderos.

Durante un par de años yo pasé por algunos cambios profundos en mis relaciones; había mucha gente en mi vida diaria quienes estaban en conflicto conmigo. (Bueno, mejor dicho, estaban en conflictos con ellos mismos.) En verdad objetiva, no eran mis amigos; eran conocidos o asociados con quienes yo tenía muchas cosas en común. Llamar a nuestra relación *amistad* fue mi perspectiva subjetiva. Con muchos de ellos, se trataba sobre lo que ellos necesitaban de mí, o mi disponibilidad hacia ellos, o hasta lo que había sido para ellos en el pasado; pero estas relaciones no incluían quién era yo como individuo y los que yo necesitaba hoy.

Durante este tiempo estaba cubierta en amargura sobre mis relaciones. Siempre frustrada y derrotada, mi mantra era, *yo realmente no tengo amigos... bueno, sólo tú Eres mi único amigo.* Solía decir esto mucho. Cada vez, me causaba gracias; de alguna forma se sintió relajador para mí decirlo. La realidad era que parecía que siempre tenía varios amigos y ciertamente tenía más vida social de la que podía manejar.

Mientras me hice consciente de esta mantra, comencé a preguntarme qué reflejaba. Rezaba sobre ello cada noche: "¿Dios, por qué me siento de esta manera?"

Como resulta, para mi este era el final de un ciclo muy largo de vivir ciertos patrones de energía. Estar en un negocio de ayuda me había dejado rodeada de gente que aún no se habían aceptado a ellos mismos, y me di cuenta que no había sido yo misma en cualquier relación ya por un tiempo- si es que alguna vez lo fui. Me di cuenta que no siempre respondía con *mi* voz; respondía con la voz de ayuda de lo que ellos necesitaban.

Definitivamente había una opinión desintegrada que estaba presente la mayor parte del tiempo. No puedes ser un diplomático poderoso si no hay verdad en tus palabras. Había un como *yo me sentía*, y lo que *yo decía*; y seguido eran diferentes. Mientras comencé a entrar en esta idea, me di cuenta que estaba usando mi mantra principalmente con un par de personas. Una fue una chica con la que hablaba seguido, nos habíamos conocido por más de una década para este punto. La consideraba una amiga cercana a ese tiempo, y al menos una vez por conversación mi mantra surgiría.

"Yo realmente no tengo amigos... bueno, sólo tú. Eres mi única amiga." (Risa.)

Yo realmente necesitaba ponerme encima de lo que esto era para mí. Me estaba cansando de mi mantra. Comencé a reconocer que mi vida estaba llena de conocidos, gente con quienes yo había tenido algún tipo de relación profesional que llevó a una conexión espiritual profunda que me permitía hacer mi trabajo. No me sentía como que podía ser mi misma la mayor parte del tiempo. Siempre había un tiempo, un día, o una conversación cuando por el bien de otros evitaba decir o hacer lo que realmente sentía o quería.

Woah, que clase de relevación. Fue espantoso- y espantosamente triste. Parecía ser que no había sido completamente honesta con mi misma. Entonces empecé a rezar en ello.

Dios, ayúdame a ser mi misma, y con gracia estar en paz con las consecuencias.

Sabía que habría consecuencias, ya que lo que usualmente conformaba el círculo exterior de otras personas conformaba el círculo interior en mí... o realmente mi círculo entero. Tal vez sea mejor decirlo de esta manera: trataba a todos con el mismo enfoque profundo porque los conocía a todos en una forma tan profundamente espiritual ya que era mi naturaleza conocer sus secretos más profundos. Yo creo que pensaba que ellos me conocían de la misma forma y con el mismo entendimiento- o al menos les importaba hacerlo.

Sin embargo, ese no era el caso. Ni lo debió haber sido. Yo era la única que necesitaba estar de acuerdo con lo que pasaba así como al contrario de lo que yo quería que estuviera pasando.

Finalmente, la amiga de la que hablaba simplemente decidió abandonar el barco- literalmente. Ella dejó de hablarme o responder, sin una conversación o aviso. Después de casi dos semanas de que había estado respondiendo con cortas, sutiles rechazos o nada, finalmente pregunté, "¿Hey, que estaba pasando?"

Su respuesta me sorprendió.

Había sido realmente un tiempo poderoso para mí, como dinámica de relación en la que constantemente me encontraba fue llegar a un profundo y caótico cierre. Fue marcada por el fin de una relación romántica que era insalvable. Esto no era una gran sorpresa ya que él era una de las personas que realmente tenía un tiempo difícil conmigo siendo mi misma. Estábamos en conflicto la mayor parte del tiempo, pero para mí ninguna relación es insalvable y eso me mantenía apegada a la relación. Una de las lecciones más difíciles que tuve que aprender fue que tenía que aceptar las cosas tal como eran antes de que cualquier cambio real pudiera ocurrir, y a veces ese cambio es tomar la decisión de encontrar paz y finalmente en sólo irte. Sin conversación, nada de diplomacia o negociación, nada de arreglos- sólo puro abandono.

Entiendo el cargo que una ruptura puede tener sobre tus amigos y seres queridos con quienes lo compartes. Lo que era interesante sobre esta amiga con quien yo tenía conversaciones diarias fue que a pesar de que yo no hablaba de él con ella, decidió darme la espalda porque no le gustaba al hombre con quien estaba involucrada. Eso fue todo y no hablamos otra vez en más de un año.

A un nivel estaba con el corazón destrozado pero en otro realmente no estaba muy triste por ello. Me di cuenta que dentro de una semana que no había usado mi mantra para nada. Ya no me sentía que no tenía amigos, y aunque ella era una parte tan sustancial de mi vida diaria, me di cuenta que siempre había usado un abordaje más altruista a nuestra relación y nunca era realmente honesta sobre mis opiniones con ella. En general hablábamos de temas generales en lugar de temas profundamente personales. Siempre la había apoyado en sus decisiones, realmente no considerando darle mi opinión, preocupada que podía ser doloroso en ciertas ocasiones. Sobre las amistades tengo la creencia intrínseca que a menos que la manera en la que la persona me esté lastimando, mi opinión no siempre es necesaria a menos que me la pidan. Entonces, nunca realmente la expresé. Pero sabiendo que ella no me podía ofrecer lo mismo... wow, que peso se me quitó de encima. Me sentía aliviada que cualquier amistad futura con ella sólo podía dar honestidad en cualquier futuro posible.

No puedes ser un diplomático poderoso si no hay verdad en tu diplomacia.

Nuestros espíritus trabajan en formas asombrosas. Aprendí que las amistades de verdad son a veces cultivadas en una honestidad dolorosa y que necesito pasar más tiempo cultivando mi opinión personal y subjetiva. Debí prestarle más atención a mí misma, a mi diálogo interno, y en algunas instancias mi diálogo externo para que mi espíritu me pueda decir todo lo que debo saber.

El Camino del Sanador: Para Pensar y Sentir

Pensamientos negativos tienen un mensaje positivo

El camino del sanador es pensar y sentir-siempre- pero también para cultivar la habilidad de pensar y sentir con honestidad, maestría, y flujo. A veces, cuando no nos gusta lo que pensamos y sentimos, paramos el flujo naturalmente para que podamos más claramente y mejor podamos reconocer lo que estamos pensando y sintiendo. ¿Te enoja que a veces tus pensamientos sean muy negativos? La mayoría de nosotros ha pasado una buena parte de nuestras vidas y energía sintiéndonos enojadas, tristes, y avergonzadas de estos pensamientos y su rol en nuestras vidas. Poco tiempo se le dedica en reconocer su naturaleza, función, y propósito.

Los demonios son densos en naturaleza y se pueden conectar a todas nuestras vibraciones emocionales bajas como enojo, duelo, tristeza, lujuria, culpa, decepción, o apatía; sólo para nombrar algunas. Aunque consideremos que estas emociones son negativas, es la mera naturaleza de esa negatividad que permite la presencia de su significado positivo en nuestro mundo físico. Son los suficientemente potentes como para penetrar el mundo físico en donde vivimos y son las anclas conectando a toda otra energía creativa aquí. Esencialmente, todos nuestros pensamientos negativos mantienen gran poder para todos y cada uno de nosotros en el mensaje verdadero que traen.

Los pensamientos negativos son flechas que tienen una función muy importante en nuestro mundo; son tan increíblemente transformativos como un cincel es a la piedra. Tienen un valor igual y opuesto que es positivo. Todo pensamiento tiene una perspectiva positiva o negativa, y eso significa que cada pensamiento negativo tiene un significado positivo. Mientras que el propósito de un demonio es crear caos y destrucción, caos en sí mismo no es malo; de hecho, el caos es muy necesario como parte del ciclo natural de las cosas y una verdad universal.

El Camino del Sanador: **Para Pensar y Sentir**

Toma la emoción de amargura, por ejemplo. La amargura existe en lugar de comunicación del corazón. Cuando la garganta (quinto) chakra esta fuera de equilibrio, el corazón no recibe lo suficiente del flujo que necesita para su equilibrio. Mi amargura sobre mis relaciones existía porque había estado en una terapéutica (espiritual) visión (objetivo) sobre casi cada persona que conocía, profesionalmente o personalmente. Ahora tenía necesidades personales (chakras sagradas, plexo solar, y del corazón) que no recibían atención de mí ya que por muchos años mi enfoque estaba en mi trabajo y en el aprendizaje de mi arte.

A través del tiempo no hice los ajustes que necesitaba en mi misma, o comuniqué las necesidades a la gente que era más importante para mí. De hecho, no había hecho una distinción para nada. Mi objetivo en todas mis relaciones había sido desde un punto de la compasión, una perspectiva espiritual (corazón, tercer ojo, y corona chakra), mientras que la verdad es que todos somos iguales y tenemos inmenso valor. Mi verdad, por muchos años, fue que mis necesidades se llenaban con sólo ayudar, que cuando ayudaba a otros me ayuda a mí misma, cuando me di cuenta que ayudar a otros no necesariamente me ayudaba, no hice los ajustes necesarios para solidificar la nueva dinámica.

> PARA QUE HOMBRE Y MUJER SE UNAN LIBREMENTE COMO GENTE MADURA E INTEGRADA, CADA UNO TIENE QUE VIVIR EN UNÍSONO SON SU SEXO OPUESTO INTERIOR, YA QUE LA MUJER SÓLO PUEDE TOCAR EL SER ESENCIAL DEL HOMBRE SI HA INTEGRADO SU HOMBRE INTERIOR, Y UN HOMBRE SÓLO LLEGARÁ AL SER VERDADERO DE UNA MUJER SI HA INTEGRADO SU MUJER INTERIOR.
>
> MARIE-LU LORLER,
> *SANACIÓN SHAMÁNICA DENTRO DE LA RUEDA DE LA MEDICINA*

Un Sanador debe aprender a convertirse en todas cosas a sí mismo, haciéndolas invencibles. Cuando creemos que no somos enteros sin la presencia de otros, nos volvemos vulnerables en la persecución de esas necesidades a las que no podemos llegar por nosotros mismos. Conscientemente o inconscientemente buscamos llenar nuestras necesidades en el mundo exterior a nosotros. Cuando hacemos eso, disminuimos nuestro sentido de poder, confianza en sí mismo, y fe; los cuales son las tres más importantes características de un sanador. Mientras comienzas a ser todas las cosas a ti misma, serás capaz de amar completamente y encontrar amor en toda circunstancia. Las filosofías Mesoamericana y Huna de *nagual* (Na'hual) y los tres aspectos de belleza propia describen cómo nos comunicamos y nos relacionamos a nosotros y otros.

> De lo que estás rodeada te convertirás o se convertirá en ti.
>
> Jane Overland

Los Aspectos Espirituales de Ti Misma

El nagual

Nagual tiene muchas definiciones y viene del lenguaje Náhuatl hablado por los aztecas y muchos de sus predecesores. Define a todo desde la idea de carisma a la habilidad de cambiar de forma o la relación de una persona con su tótem animal.

El aspecto en el que me estoy enfocando hoy es el nagual (Na'hual) como la relación de cada hombre y mujer con su opuesto interior. (Al nagual también se le refiere como ánima y ánimos en psicología moderna.) Cuando dos personas se conocen, es el nagual de cada persona lo que se conocen primero. El nagual es una inconsciente o invisible dinámica de conexión, la cual establece el patrón inicial de relación que necesitará se apoyado o rediseñado dentro de una relación.

Frecuentemente, una persona busca una pareja de relación que exprese aspectos de su nagual en el *tonal*- el mundo físico y todo lo que está conectado a él. Eso significa que una mujer es atraída a un hombre que exprese su masculinidad interior. El Nagual y el tonal son dos cosas que conforman el todo: lo visible y lo invisible.

El Lema del Sanador: Soy Todas Las Cosas a Mi Misma

Un factor significante en cómo nos dirigimos a nuestras relaciones se explica por un principio básico de chamanismo: los cuatro escudos de su esencia interior y el eje del nagual. El nagual del hombre está hecho por los cuatro escudos de su esencia interior: su interior se ha desarrollado como una mujer y como una niña interior, así como también hombre y niño interior. En el caso de la mujer se desarrolla una adulta interior y su niña interior, y su hombre adulto interior y niño interior. Toda persona debe encontrar, equilibrio, y después integrar estos cuatro aspectos en él- o ella. Sin esa integración, es natural buscar tu ser interior en gente que atraes y con la que te relacionas.

El día que Kelly entró a mi oficina, ella estaba inquieta. Una bella, muy delgada y delicada mujer joven en la mitad de sus años veinte, ella había estado saliendo con un hombre que era mucho mayor, y la relación se había hecho muy intensa. Kelly me dijo que cuando se conocieron se había dado una gran atracción; ella pensó que he era un hombre muy espiritual, y eso es lo que ella buscaba.

Sólo habían estado saliendo por unos meses pero él se estaba volviendo muy obsesivo y controlador. Ella le había estado dando mensajes mixtos al retirarse emocionalmente pero manteniéndose en la relación y no comunicándose. Naturalmente esto detonó su inseguridad y él había estado emocionalmente, mentalmente, y espiritualmente enfocándose en ella durante cada momento en el que no estuvieran juntos. Cada noche él estaba en sus sueños, y eso la estaba asustando. Ella no podía dormir cuando no estaba con él. La última gota, la cosa que hizo que viniera a verme, fue que se levantó en la mañana para bañarse y vio su cara en la puerta de la ducha aunque él no estuviera ahí físicamente. Ella se desató en lágrimas. Él no la dejaba ser. Ni siquiera podía bañarse sin su presencia.

El Lema del Sanador: **Yo Soy Todas Las Cosas a Mi Misma**

Lo primero que hice por Kelly fue asegurarle que no estaba perdiendo su mente. Parece que su novio viene de una cultura donde las prácticas mágicas son comunes. Había sospechado que era inseguro, temeroso de perderla, y enfocando toda su energía y atención en ella, tal vez usando rituales, tal vez no, pero no importaba. Él dijo que la amaba, pero su miedo de perderla o siendo abandonado no le permitía realmente amarla. Ella le dijo que necesitaba un tiempo para ella misma, pero las intrusiones de energía sólo se volvieron más poderosas. Él estaba seguro que ella lo engañaba.

Ella preguntó si tenía algún tipo de hechizo, un ritual de reversión que le pudiera dar, para defenderse de sus ataques físicos. Le expliqué a Kelly que porque ella había entrado en esa situación, ella tenía el poder para resolverla. Tener una batalla al nivel energético es lo mismo que tener una pelea en el mundo físico. Se resume a una batalla de voluntades, pero con una distinción muy importante. Lo que Kelly estaba haciendo era tan vital y poderoso como la energía que él le estaba mandando a ella. Por alguna razón, Kelly estaba luchando y alejándose sin decirle nada a él, y esta brecha en su comunicación lo dejé para que lo averiguara por sí mismo, lo que estaba creando el camino para el brote de su investigación psíquica.

Kelly sólo tenía dos opciones: ella podía intentar igualar sus fuerzas en el mundo espiritual usando su energía e intención, o ella podía tener una conversación honesta con ella. Podía dejar el sentimiento de víctima y decidir que no iba a participar en la batalla con todo en las longitudes de onda a nivel psíquico. Le sugerí que ir uno a uno con él en el mundo espiritual sólo le traería más angustia y le expliqué que él sólo podía tener control sobre su mente, cuerpo, o espíritu mientras ella lo permitiera.

También le expliqué que el hecho de que había atraído a un hombre tan proficiente espiritualmente era también una indicación de sus habilidades telepáticas y que podía hablar telepáticamente con él, pidiéndole que cesara las intrusiones. Le dije que el amor se trata de respeto en todos los niveles, y que si él la amaba necesitaba encontrar una manera de respetar su deseos y darle espacio. Pero si no quería dejar espacio para mala interpretación, entonces ella debería tener una conversación verbal directa. Trayendo la dinámica espiritual hacia el reino físico detiene el camino espiritual de comunicación, al menos por un tiempo.

Mis pensamientos finales hacia Kelly fueron que si se dirigía a la situación con compasión, se resolvería más rápidamente. Vi a Kelly aproximadamente tres veces más, apoyándola durante su transformación. Finalmente, después de muchas meditaciones de su parte-juntando, centrando, y empoderándose a si misma- el novio terminó la relación con ella, diciendo que no estaba recibiendo lo que necesitaba. Ella estaba aliviada pero agradecida por haber aprendido tanto de sí misma en el proceso.

Huna

Una de las explicaciones más prácticas que he escuchado sobre cómo integramos ideas espiritualmente y nos comunicamos con nosotros mismos a través del proceso de crear algo en el mundo físico, está en un libro llamado *Kahuna Magic*, de Brad Steiger. El libro está centrado en el trabajo original de Max Freedom Long y su creencia sobre las kahunas de Hawái. Básicamente el principio es: todos tenemos un ser bajo, ser medio, y ser alto. Cuando una idea, sentimiento u oportunidad es generada, primero es integrada por el ser bajo (la subconsciente) que empuja la información (memoria, emociones, apoyo, u obstáculos) que necesitan ser procesados por el ser medio (la mente consciente), y después en este tiempo el ser medio puede entrar al ser alto por la información y estrategia en cuanto a como completar la transformación hacia manifestar una idea.

Intenciones son buenas, entendimiento es mejor

Robert no entendía por qué cuando le pedía al universo más dinero y un mejor empleo toda su vida parecía explotar. Perdió su trabajo y su relación. Estaba atravesando por un divorcio pendiente, y él buscó mi ayuda. Él estaba experimentando una confusión extrema, duelo, y frustración en cuanto a cómo regresar su vida al camino. Se estaba sintiendo castigado y no sabía por qué todo esto le estaba ocurriendo.

Conforme empezamos a hablar, todo empezó a cobrar sentido perfecto. El no había estado feliz en mucho tiempo. Su esposa había estado en lucha contra su alcoholismo; ella no creía que tenía un problema. Él estaba haciendo el trabajo que amaba, pero estaba lleno de conflictos y no le pagaban mucho dinero. Mientras comenzamos a reconstruir la situación, todo pareció haber empezado antes cuando él había decidido que era muy infeliz y ya no podía vivir así más. Él había comenzado a enfocar sus intenciones con escribir en su diario, pidiéndole al universo para que tuviera un mejor empleo con más dinero.

Le expliqué que todo lo que estaba ocurriendo era justo a tiempo. Cuando quieres hacer un cambio extremo y de alto alcance en tu vida, a veces todo en tu vida- toda basada en tus creencias, pensamientos, y expectativas- ahora debe cambiar. Todo lo que fue creado con ellos también cambiará. En este caso, todo incluía el matrimonio de Robert, trabajo, cuerpo, mente, y espíritu. Si iba a dejar si a su esposa y su adicción, entonces tenía que dejar cualquier tipo de comportamiento adictivo que tuviera.

Fuimos entonces capaces de descubrir algunos patrones de vidas pasadas en su participación en una relación dominante/sumisa en la que él había sido muy cruel y abusivo hacia su compañera. Era un hecho de la relación dominante/sumisa que ahora tenía con su esposa, donde él ahora estaba en el rol de sumiso. La intención espiritual no era castigarle por sus trasgresiones de vidas pasadas, pero de liberarlo del patrón completamente al permitirle tener un entendimiento del círculo completo. Con esta información él fue capaz de encontrar un sentido profundo de perdón para él y su esposa y para sanar el patrón espiritual que creó todo esto. Ese fue el verdadero punto de cambio para él y la creación de una nueva vida.

> MIS HIJOS, SI SON DE UNA MENTE, Y SE UNEN PARA ASISTIRSE EL UNO AL OTRO, SERÁN COMO ESTE BULTO DE PALITOS, SIN LESIONES POR TODOS LOS INTENTOS DE SUS ENEMIGOS; PERO SI ESTÁN DIVIDIDOS ENTRE USTEDES. SERÁN ROTOS TAN FÁCILMENTE COMO UN PALITO CUANDO ES SEPARADO DEL BULTO.
>
> *EL PADRE A SUS HIJO,* EN LAS FABULS AESPO

Cómo Conocí A Jane Overland: Ojo Privado

Estaba ya a un año de haber estado trabajando como empatista espiritual cuando una noche tuve un sueño donde me hospedaba en el más antiguo, elegante, y bello hotel, en algún lugar con vista hacia el Taj Mahal. La decoración era de maderas oscuras, rojos ricos, y dorados con dos escaleras a cada lado de un lobby enorme. En el centro había un extravagante escritorio principal con un candelabro deslumbrante colgando desde el techo. Parecía ser tiempo moderno. A media mañana, me llamaron de mi cuarto para atender una llamada en el escritorio frontal. La llamada venia de una publicadora en Gran Bretaña; el que llamaba pedía hablar con Jane Overland, que era yo.

Ella era le escritora, dentro de mí con la perspectiva objetiva y forma plana y sencilla de comunicarse. Era cierto que hasta este punto sólo había hecho chistes de escribir un libro. Tenía tantos pensamientos corriendo por mi cabeza en ese entonces, y mientras definitivamente tenía el control más dominante sobre la gente en contacto con mi espíritu que jamás había tenido, no dormía mucho o muy bien, y poner un pensamiento coherente en un papel parecía imposible. Lo que hice más en torno a escribir fue documentar y analizar mis sueños u ocasionalmente explosionar un monólogo enojado o lleno de duelo en un párrafo o dos.

El pensamiento de escribir era mágico, pero al acto de escribir era místico y siempre me evadía. Jane Overland, sin embargo, tenía un buen comando de sus pensamientos y palabras. Su marco era delgado, y ella se paraba a unos cinco pies seis pulgadas de altura. Ella tenía pelo café rico cortado planamente justo pasando sus lóbulos de las orejas, y usaba grandes, redondos lentes que hacían que sus ojos parecieran grandes y redondos. Su vestuario estándar era una falda corta verde, azul, rosa y negra en patrón escocés con una blusa blanca desfajada, medias negras y botas de tobillo negra. Mientras definitivamente tenía un aspecto de colegiala sexy, era difícil saber a quién prefería ya que siempre le contestaba a todos igual. Jane siempre tenía una mochila con ella, la cual parecía tener cualquier cosa que pudiera necesitar dentro de ella. Era una interesante, ágil, mujer joven quien, a pesar de su frágil apariencia, en realidad era bastante ruda. Jane Overland era un plano de personalidad que cargaba con los mejores rasgos de mi ascendencia, mi espíritu, y mi apariencia. Iba tener que aprender sus maneras.

Estaba en mis años veinte tardíos cuando empezó una masiva renovación del alma y la personalidad. La primera cosa que mi espíritu me guió a hacer fue sanar la relación con mi madre. Yo creo que ella y yo teníamos la relación más ideal que podíamos tener ya que siempre habíamos tenido un entendimiento de la otra. Ella me mencionó frecuentemente durante mi vida lo buena bebé que fui y que como niña, nunca necesité atención extra. Entonces, lo que llegó a la adolescencia fue una vindicativa inhabilidad para esconder mis emociones de la forma que siempre lo había hecho desde mi infancia más temprana.

Sol en una casa triste

El sol había salido, pero el cuarto aún estaba iluminado ligeramente con una ligera fracción del sol que fluía por mi cuna. Tenía más o menos dos años. El cuarto estaba lleno de tristeza de una fuente desconocida. Siempre estuve consciente de ello en esa casa. La gente siempre me pregunta cuando supe que era psíquica, o si algo específico me ocurrió para hacerme de esta manera. La verdad es que yo sólo pensaba que era *la* forma. No estoy segura que entendía que no todos tenían el nivel de sensibilidad que yo tenía. Es raro pensar en retrospectiva sobre mi infancia y la extrema consciencia que tenia de mi misma, otros, y mi ambiente junto con una falta de habilidades verbales. Era doloroso para mí no ser capaz de comunicarme con aquellos a mí alrededor, aunque no lloraba la mayor parte del tiempo.

Pesadillas y ataques demoniacos plagaban mis horas de sueño durante mis años tempranos, pero llorar durante las pesadilla no llegó hasta que tenía cinco o seis años. Aun así, la noche era mi tiempo favorito. Me iría a dormir tan pronto como el sol me lo permitiera. A veces rodando y girándome hacia buenos sueños y a veces llorando hasta que me dormía. Nadie jamás lo supo. Bueno, todos sabían que me giraba y rodaba durante la noche porque mi pelo estaba hecho nudos en la mañana, pero fuera de eso nadie sabía. Este patrón continúo a través de mi preparatorio: experimentado sueños profundos y proféticos en mis horas de la noche seguidos de *kriyas* de emociones que me cedieron confianza y ansiedad durante el día.

Asumir un rol de líder en mi vida y actividades escolares fue la única manera cómoda para mí, ya que me sentía extremadamente aislada de cualquiera con quien pensaba que podía compartir y entender mi experiencia de escuchar, ver, y canalizar energía. No era algo sobre lo que se me ocurrió hablar. Era sólo el secreto que compartía con el Creador.

Creciendo en Nuevo México, había tanto dolor en esa tierra. Generaciones de sufrimiento compactadas en cada capa de tierra. Lo podía sentir todo con la claridad de un rastreador nativo, y me sobre saturaba, pero de igual forma me inspiraba, llamando a mi alma a que regresara a casa. Casa es un sitio de ajuste de cuentas de todos los lugares y maneras del espíritu, regresándolos a este tiempo y espacio particular que llamo Tracee Dunblazier.

> A QUELLOS QUE SON BUENOS CONMIGO, SOY BUENO; Y A AQUELLOS QUE NO SON BUENOS CONMIGOS, TAMBIEN SOY BUENO; Y POR ENDE TODO LOGRA SER BUENO. A AQUELLOS CON SON SINCEROS CONMIGO, YO SOY SINCERO; Y A AQUELLOS QUE NO SON SINCEROS CONMIGO, TAMBIÉN SOY SINCERO; Y POR ENDE TODO LOGRA SER SINCERO.
>
> LAO TZU

El Pacto del Sanador: Ser un Amigo

Ser un sanador te pone en una posición única de tener información instintiva sobre la gente que conoces. Podrás saber o aprender cosas sobre ellos que no te gustan o con las que no estás de acuerdo, pero debes encontrar compasión y bondad a pesar de tus propios sentimientos y opiniones. Es posible establecer límites en tus relaciones sin permitir que tu juicio inspire miedo o disminuir el carácter de otra persona. Ser una persona ultra-consciente te ubica en una situación profundamente poderosa; si estás ahí, te has ganado esa consciencia de alguna forma. Recuerda, siempre puedes tomar autoridad sobre ti misma, influencias espirituales, y situaciones, pero nunca puedes tomar autoridad sobre otras personas, aunque parezca por un tiempo que sí puedes. Finalmente, esa ilusión sólo crear ira y disentimiento hacia ti.

Amistades y relaciones son la formas por la cuales aprendemos a cuidar de nosotros, la forma en la que el universo se refleja hacia nosotros nuestra información más vital. Es un sentimiento popular considerar que cuidarte a ti misma es egoísta, pero de hecho es lo contrario. No puedes realmente hacerte cargo de los demás si tus propias necesidades no están satisfechas, y no es la responsabilidad de otros satisfacer tus necesidades. Afrontar tus necesidades es sólo tu responsabilidad, al igual que no es tu responsabilidad afrontar las necesidades de otros.

El Pacto del Sanador: **Ser un Amigo**

Es, sin embargo, tu responsabilidad enseñarle a tus amigos y seres queridos como tratarte. Haces esto al permitirle que vean tu propia honestidad y trato. Para cada situación incómoda en la que te encuentres, hay una verdad más profunda, siendo reflejada en tu relación contigo. Un sanador siempre encontrará una manera de ser bueno a sí mismo y otros.

El Altar del Sanador:
Unidad

Lo que necesitarás:

- Cinco velas en frascos de tres pulgadas: blanco, negro, verde, amarillo, y rojo.
- Papel y pluma
- Un plato de tabaco para una ofrenda de gratitud

Siéntate con el papel y pluma y ponte cómoda, tomando algunas respiraciones profundas. Pregúntate a ti misma, ¿Quiénes son los aspectos principales de mi personalidad? Pregunta sus nombres, o dales nombres. Te sorprenderás lo fácil y rápido que llegará esta información.

Ahora, pregúntale a cada aspecto de tu personalidad, ¿Cuál es tu función? ¿Qué exactamente haces por mí?

Escribe toda esta información en un pedazo de papel; dóblalo a la mitad y de nuevo a la mitad. Ponlo por debajo de la vela verde en el centro de tu altar; después coloca las otras cuatro velas alrededor de la verde. Di una oración de unidad. Puedes usar una propia o utilizar esta que se da aquí (y siéntete libre de realizar cualquier cambio que desees.)

Madre Padre Dios

Es de mi más profundo deseo expresar todo lo que son dentro de mí. Enséñame la mejor forma de honrar mis vulnerabilidades, ya que son el hecho de tu amor y son el canal a través del cual hablan conmigo. Enséñame como completamente abrazar mis fortalezas, ya que son tus brazos en el mundo. Más que nada enséñame o amar y aceptar a otros de la forma que yo amo y me acepto a mí misma.

Epílogo

La esencia sagrada de nuestras vidas se conecta a través del tiempo. Unidos por una existencia primitiva que reverbera en el mero centro de quienes somos, llevándonos por un viaje de los tiempos. Ahora que hemos caminado un poco juntos sobre el camino rojo, espero que veas un poco más adecuado decir, "Estoy un poco más en paz con el cambio." Que reconoces el miedo en tu puerta trasera y no en la del frente. Y, que afrontes a la raza humana, Madre Tierra que nos mantiene a todos, el universo en donde vivimos, y el Creador de quien todos somos creación hecho de Un Amor.

Sanar Demonios no es sólo para guerreros, ya que todos como guerreros para el amor en nuestra propia forma. Seas mirador o sanador; tú presencia, contribución, y afecto sobre otros y este planeta es indisputable e invaluable. Tienes poderes más allá de los límites de nuestro actual entendimiento cultural y estás aprendiendo a afrontártelo en un período muy único de tiempo con billones de otras personas involucradas.

La ciencia ya ha demostrado muchas cosas, primero que nuestro cerebro cambia constantemente basado en nuestros pensamientos y comportamientos. Segundo, que las emociones promovidas por creencias culturales han definido e impactado palpablemente nuestra salud física. Y, tercero, que no somos relegados sólo a patrones o condiciones de vida que nuestro ADN sugeriría. Con toda la nueva y profunda información disponible no es mucho jalón afrontar que somos impactados por la vida y salud de nuestro planeta o que este es impactado por la nuestra. O, que vemos, sentimos, y escuchamos vibraciones de una esencia de alma antes de que nuestros cuerpos manden la señal al cerebro para hacer que los ojos sepan el cuerpo al que está adjunto. Hace que la existencia de intolerancia de cualquiera forma, parroquial. Las implicaciones de esta verdad en el corazón de muchos transforma la vida. La oportunidad de ser personalmente responsable y que debes rendir cuentas de toda la información que comunicas a otro y al universo, antes de que hables o eres vista visiblemente; es penetrante.

El poder que esta verdad te da es todo tuyo para portar. No sólo en contra de algo, pero *para algo.* Mientras más uses tu poder hacia en la creación o transformación de lo que llena tu corazón, más paz trae a tu mente y tu mundo. El ser sanador de demonios se vuelve simple con este entendimiento. La pelea o lucha no es con el demonio presente, es con tu miedo que el demonio promueve. No miedo: no demonio. Todo amor.

Bibliografía

Dale, Cyndi. *The Subtle Body: An Encyclopedia of Your Energetic Anatomy*. Boulder, CO: Sounds True, 2009.

Gerber, Richard. *Vibrational Medicine: The #1 Handbook of Subtle-energy Therapies*. 3rd ed. Rochester, VT: Bear & Company, 2001.

Gladwell, Malcolm. *The Tipping Point: How Little Things Can Make a Big Difference*. New York: Back Bay Books/Little, Brown and Company, 2002.

Glynn, Ian. *An Anatomy of Thought: The Origin and Machinery of the Mind*. Oxford: Oxford University Press, 1999.

Hanson, Rick. *Buddha's Brain: The Practical Neuroscience of Happiness, Love, and Wisdom*. Oakland, CA: New Harbinger Publications, 2009.

Hawkins, David R. *Power vs. Force: The Hidden Determination of Human Behavior*. Carlsbad, CA: Hay House, 2002.

Kornfield, Jack. *After the Ecstasy, the Laundry: How the Heart Grows Wise on the Spiritual Path*. New York: Bantam Books, 2000.

Lipton, Bruce. *The Biology of Belief: Unleashing the Power of Consciousness, Matter, and Miracles*. Santa Rosa, CA: Mountain of Love/Elite Books, 2005.

Lorler, Marie-Lu. *Shamanic Healing within the Medicine Wheel*. Translated by Matt Schulze and Winter Laite. Albuquerque, NM: Brotherhood of Life, 1991.

Martinez, Mario E. *The Mindbody Code: How to Change the Beliefs That Limit Your Health, Longevity, and Success*. Boulder, CO: Sounds True, 2014.

Paulson, Genevieve Lewis. *Kundalini and the Chakras: A Practical Guide—Evolution in this Lifetime*. St. Paul, MN: Llewellyn Publications, 1991.

Restak, Richard M. *The New Brain: How the Modern Age is Rewiring Your Mind*. Emmaus, PA: Rodale, 2003.

Steiger, Brad. *Kahuna Magic*. West Chester, PA: Whitford Press, 1982.

———. *Totems: The Transformative Power of Your Personal Animal Totem*. New York: HarperCollins Publications, 1997.

Wilson, James L. *Adrenal Fatigue: The 21st Century Stress Syndrome*. Petaluma, CA: Smart Publications, 2001.

Permisos

Algunas citas requerían permiso para ser utilizadas en este texto. Se realizó mucho esfuerzo para obtener el permiso de los que tenían derechos de autor sobre estas cotas. De forma muy grata reconozco los permisos concedidos de los siguientes.

- Alan Cohen, http://www.alancohen.com/. Utilizado con permiso del autor.
- Tracy Renee Jones, http://tracyreneejones.com/. Utilizado con permiso del autor.
- Marie-Lu Lorler, *Shamanic Healing within the Medicine Wheel,* publicado por the Brother-hood of Life, 2002. Utilizado con permiso del autor.
- Mario Martinez, *The Mindbody Code: How to Change the Beliefs that Limit Your Health, Longevity, and Success.* Utilizado con permiso del autor.
- Stepehn J. Miller, *The Keepers of Mana'an.* Utilizado con permiso del autor.
- Caroline Myss, "Daily Message Archive," http://www.myss.com/library/dailymessage/. Utilizado con permiso del autor.
- Brad Steiger, *Kahuna Magic.* Utilizado con permiso del autor.
- Brad Steiger, *Totems: The Tranformative Power of Your Personal Animal Totem.* Utilizado bajo permiso de la editorial.

Sobre el Autor

Tracee Dunblazier, GC-C, empatista spiritual, chamán, educadora, autora y ponente trabaja desde Los Ángeles, California. Tracee se especializa en terapia del duelo, dinámicas energéticas, curación de Chamán, recuperación de vida pasada y alma, estrategia de transición, transformación de adicción, y liberación de espacios. En el 2015, Tracee fundó GoTracee Publishing LLC y BeASlayer.com para publicar un nuevo híbrido de auto ayuda, memoria, y libro espiritual para tener acceso a una audiencia más amplia de buscadores espirituales. Como multi-sensitiva, Tracee une información que recibe intuitivamente con diferentes modalidades para crear un plan único de sanación para cada cliente. Cada sesión está enfocada en liberar a cada paciente de su problema presente para liberar, dar poder, y sanar—sin importar la condición. El estilo compasivo, humoroso, aterrizado de Tracee apoya y le da poder a los clientes conforme temas delicados son tocados durante una sesión.

Como autora realizada, Tracee ha escrito dos libros sobre el tema de excavación personal del alma y curación profunda desde el alma al cuerpo. Los artículos publicados de Tracee cubren muchos temas relacio-nados con espiritualidad y relaciones mientras que su blog desglosa los eventos actuales y dinámicas energéticas diarias que todos experi-mentamos. Tracee ha sido invitada en muchos programas de televisión prominentes y programas de radio hablando sobre espiritualidad y prácticas de rituales sagrados. Tracee enseña talleres, seminarios por web, y cursos en línea, al igual que compromisos de ponencia tocando temas como duelo, muerte y morir, amor incondicional, aceptación de uno mismo, y sanación.

Contacta a Tracee: www.TraceeDunblazier.com